Begleiter

Schwäbisches Bauernhofmuseum Illerbeuren

Otto Kettemann

Begleiter durch das Schwäbische Bauernhofmuseum Illerbeuren

Kronburg-Illerbeuren 2010

Druckerzeugnisse des Schwäbischen Bauernhofmuseums
Illerbeuren, 22
herausgegeben von Otto Kettemann

Umschlag: Sölde aus Honsolgen (Nr. 25) und Baugruppe
Mittelschwaben
Frontispiz: Strohgedecktes Bauernhaus in Siegertshofen, Anfang
20. Jahrhundert

Gesetzt aus der Stempel Garamond, gedruckt auf chlorfrei
gebleichtem Papier
Druck: Memminger MedienCentrum, Memmingen

ISBN 978-3-931915-12-4

Inhalt

Einführung

Die Entwicklung der Freilichtmuseen nahm ihren Anfang in Skandinavien. Im Jahr 1891 eröffnete Artur Hazelius das erste europäische Freilichtmuseum auf Skansen bei Stockholm. Die Beweggründe, die zur Entstehung dieses Museumstyps führten, waren sehr vielschichtig. Vereinfacht kann gesagt werden, dass ein kraftvoll erwachendes Interesse an der eigenen Volkskultur und ihrer öffentlichen Präsentation sowie agrarromantische Strömungen am Ende des 19. Jahrhunderts – eine Art Gegenbewegung zur rasant verlaufenden Industrialisierung – die wesentlichen Rollen spielten.

Das erste deutsche Freilichtmuseum entstand 1901 mit dem »Ostenfelder Bauernhaus« in Husum. Es folgten weitere Gründungen in Thüringen (Rudolstadt 1913/14) und in Norddeutschland, wobei das Freilichtmuseum Cloppenburg (1934) in Niedersachsen wegen seiner überregionalen Bedeutung hervorzuheben ist. Nach dem zweiten Weltkrieg führten zunehmend denkmalpflegerische Bemühungen zur Gründung von Freilichtmuseen.

In Bayern begann die Schaffung von Freilichtmuseen relativ spät. In Illerbeuren gründete sich durch die Initiative Hermann Zellers 1948 der Heimatdienst Illertal e. V. mit der Zielsetzung, ein Museum aufzubauen. Am 11. Juni 1955 konnte das Bauernhofmuseum mit der im Jahr zuvor erworbenen St.-Ulrich-Sölde eröffnet werden. Dieses mitten im Dorf liegende Kleinbauernhaus wurde im Stil eines Heimatmuseums eingerichtet und bildete bis 1968 das Bauernhofmuseum Illerbeuren. Danach setzte eine rege Bautätigkeit ein, und es entstanden weitgehend die Häuser, die in der Baugruppe »Altes Museumsdorf« zusammengefasst sind.

Das Engagement des Heimatvereins zur Rettung von Kulturgütern kann nicht hoch genug bewertet werden. Denn ohne den beherzten Zugriff des Vereins wären viele Zeugnisse früheren Alltagslebens verloren gegangen. Schon bald erkannte das Landratsamt die große kulturpolitische Tragweite der Aktivitäten in Iller-

Im Rahmen der 1000-Jahr-Feier Illerbeurens im Jahr 1948 - hier die Erntegruppe des Festumzuges - beschloss man den Aufbau eines »Illertalmuseums«, das bei der Eröffnung 1955 den Namen »Bauernhofmuseum« erhielt.

beuren und unterstützte die Vorhaben. Bevor das Museum aber in eine gesicherte öffentliche Trägerschaft überging, sollten noch viele Jahre ins Land ziehen.

1982 übernahm der eigens gebildete Zweckverband »Schwäbisches Bauernhofmuseum Illerbeuren«, dessen Mitglieder heute der Bezirk Schwaben, der Landkreis Unterallgäu und der Heimatdienst Illertal e. V. sind, das Museum.

Der Zweckverband bemühte sich in den ersten Jahren mit hohem finanziellen Aufwand um die Verbesserung der Infrastruktur und eine dem Museum entsprechende personelle Ausstattung. Zur Erweiterung der Präsentationspalette entstanden das Schwäbische Schützenmuseum und eine Außenstelle des Deutschen Brotmuseums Ulm, welche heute nicht mehr besteht und durch eine andere Präsentation ersetzt wurde. Innerhalb des Alten Museumsdorfes kamen das Feuerwehrhaus aus Dickenreishausen (Nr. 17) und der Nattererhof (Nr. 20)hinzu.

Der Ausbau des Bauernhofmuseums zum Freilichtmuseum für den Regierungsbezirk Schwaben erforderte zuerst eine erhebliche Flächenerweiterung. Das war angesichts der Lage des Museums mitten im Dorf nicht einfach und ist noch nicht abgeschlossen. Das Ziel des laufenden Museumsausbaus ist, den Besuchern einen Rundgang durch das alte bayerische Schwaben zu ermöglichen. Zur Präsentation der verschiedenen Landschaften mit ihren charakteristischen Bauformen entstehen Baugruppen mit Häusern, Höfen und Feldern, die sich deutlich voneinander unterscheiden. Das ermöglicht den Besuchern, von einer typischen Landschaft Schwabens zur nächsten zu wandern und so im Vergleich das Charakteristische der einzelnen Regionen zu erkennen.

Eröffnung des Bauernhofmuseums: der Bürgermeister der Gemeinde Kronburg, Julian Fürgut (1. v. l.), Bezirksheimatpfleger Dr. Dr. Alfred Weitnauer (2. v. l.) und Hermann Zeller (r.)

Die ländliche Baukultur Schwabens war reichhaltig differenziert. Bestand der Bauernhof im Süden in der Regel aus einem Gebäude, waren es im Norden mehrere. Im Süden baute man zweigeschossig, im Norden eingeschossig. Im südlichen Allgäu errichtete man die Häuser bis ins 19. Jahrhundert fast ausschließlich aus Holz, während man im Ries bereits um 1600 auf den Steinbau übergegangen war. Das Fachwerk blühte in Schwaben vor allem im Westen, während es im Osten kaum zur Anwendung kam. Diese baulichen Ausprägungen und Entwicklungen sind die Grundlage der räumlichen Gliederung des Bauernhofmuseums. Jede Baugruppe soll eine charakteristische Region Schwabens darstellen und aus typischen Gebäuden der Region sowie einer

Das erste Haus des Bauernhofmuseums: die St.-Ulrich-Sölde

entsprechend gestalteten Landschaft bestehen. Dazu kommen das »Alte Museumsdorf« und die Baugruppe »Technik auf dem Land«. Der Plan auf der hinteren Umschlagklappe gibt eine Übersicht über das Museumsgelände.

Schon in den ersten Jahren des Bauernhofmuseums legte man spezielle Präsentationen - Flachsverarbeitung, Grabkreuze, Wagen und Schlitten - an, die einem Thema galten. Diese Tradition wird in Illerbeuren fortgeführt. So konnte etwa 2006 die

Bernhard Oberst, damals Vorsitzender des Heimatdienstes Illertal e. V., eröffnet 1982 das Schützenmuseum.

Das Museum ist in die Landschaft gegangen: Sonnenaufgang an einem Wintertag in der Baugruppe Mittelschwaben.

große Schau zur Entwicklung der Landtechnik in Schwaben eröffnet werden. Und schon seit über 25 Jahren ist das Schwäbische Schützenmuseum Teil des Bauernhofmuseums.

Die Arbeits- und Präsentationsbereiche der Freilichtmuseen haben sich enorm erweitert. Standen zunächst landschaftstypische Gebäude aus allen sozialen und funktionalen Bereichen im Blickpunkt, ist seit geraumer Zeit die Landschaft sowie der Garten- und Feldbau und der Erhalt pflanzlicher Genreserven immer wichtiger geworden. Ebenso wie die alten Häuser und Gerätschaften sind alte Kulturpflanzen und auch die alten Haustierrassen bedroht. Hier leisten die Freilichtmuseen mittlerweile wichtige Aufklärungs- und Erhaltungsarbeit.

Das Bauernhofmuseum ist im Wechsel der Jahreszeiten stets einen Aufenthalt wert. Darüber hinaus bietet es durch zahlreiche wechselnde Ausstellungen, Aktionstage und Feste immer wieder besondere Anreize zu einem erneuten Museumsbesuch. Und nicht zuletzt laden zwei Gasthäuser mit Biergärten zum Besuch und Verweilen ein.

Zur Benutzung des Begleiters

Das vorliegende Büchlein soll Sie auf Ihrem Gang durch das Bauernhofmuseum begleiten, Sie auf gewisse Dinge aufmerksam machen und versuchen, Ihre Fragen knapp zu beantworten.

Die Gliederung des Museums in einzelne Baugruppen findet sich auch im Begleiter. Die Baugruppen sind mit einem Farbstreifen an der Seite markiert. Innerhalb der Baugruppen sind die Häuser aufsteigend nummeriert; die Nummern finden Sie auch an den Haustafeln im Museum. Die Hausnummern wurden nach Eingang vergeben. Wenn ein Haus dazukam, bekam es die nächste Nummer. Auch wenn nun durch die Erweiterung des Museums die Nummerierung innerhalb einer Baugruppe springen kann, wird an dieser Gepflogenheit festgehalten. Eine Änderung wäre verbunden mit einem nicht zu vertretenden Aufwand, weil allein in der wissenschaftlichen Dokumentation des Inventars bei jedem Objekt angegeben ist, wo es sich befindet. Diese Standortangabe müsste für alle Objekte in den Häusern modifiziert werden. Das lohnt wirklich nicht, zumal gewisse »Unebenheiten« ihren Reiz haben.

Für jede Baugruppe werden die Gebäude nacheinander beschrieben. Vor den Hausbeschreibungen steht eine kleine Schilderung der Baugruppe und der entsprechenden Landschaft.

Jeder Hausbeschreibung ist ein »Fingerabdruck« des Hauses in Form eines Fotos vorangestellt. Meist ist es eine Detailfotografie der Fassade. Alle diese Fotos zeigen das Original im Maßstab 1:2, also in der Hälfte der natürlichen Größe.

Im Kasten am Anfang der jeweiligen Hausbeschreibung sind die wichtigsten Daten zusammengefasst. Angegeben ist hier auch die Grundfläche des Hauses, also die überbaute Fläche und nicht die Quadratmeterzahl aller Etagen.

Den einzelnen Hausbeschreibungen beigegeben ist ein vereinfachter Grundriss des Gebäudes. Alle Grundrisse sind im Maßstab 1:400 wiedergegeben, so dass Sie die Hausgrößen gleich auf den ersten Blick einordnen können.

In vielen Häusern finden Sie thematische Präsentationen und Sammlungen. Diese sind bei den jeweiligen Häusern beschrieben. Eine Themenübersicht finden Sie auf Seite 224 am Schluss des Büchleins beim Lageplan.

Gewisse Merkmale der Häuser und oft vorkommende Begriffe werden in einem Erklärungsteil kurz erläutert, damit sie nicht bei jeder Hausbeschreibung wiederholt werden müssen. Im laufenden Text sind die Verweise auf den Erklärungsteil hervorgehoben (z. B. ➡ **Sparrendach**).

Den Hausbeschreibungen folgen kleine Abschnitte zu verschiedenen Präsentations- und Arbeitsbereichen des Museums. Hier sind auch die Arbeiten in Zusammenhang mit einer Hausversetzung beschrieben. Den Abschluss des Begleiters bilden allgemeine Angaben zum Museum.

Als Museumsbesucher folgt man gerne einem Rundgang. Ein solcher ist für das Bauernhofmuseum einerseits schwer festzulegen, andererseits ist er geradezu überflüssig. Denn das Alte Museumsdorf ist so dicht bebaut, dass man sich einfach durchfinden muss, und in allen anderen Baugruppen ist es schier unmöglich, etwas zu übersehen. Beachten Sie zur Orientierung den ausklappbaren Übersichtsplan am Ende des Begleiters. Um sich im Alten Museumsdorf mit seiner dichten Bebauung besser zurechtzufinden, ist dieses im Detail wiedergegeben und mit der Hausnummerierung versehen.

Natürlich können Sie mit einem einmaligen Besuch das ganze Museum erkunden. Besser ist es aber, wenn Sie öfter kommen und sich das Museum allmählich erschließen, denn es gibt viel zu entdecken.

Akelei vor der Sölde Honsolgen (Nr. 25)

Anregungen zum Verweilen im Museum

Natürlich kann jeder durchs Museum gehen, wie er mag. Man darf seinen Hund mitnehmen und im Freigelände sogar rauchen. Allerdings muss der Hund angeleint sein, weil im Gelände Hühner frei herumlaufen, die unbeschadet bleiben wollen. Und in den Häusern herrscht aus Sicherheitsgründen strenges Rauchverbot. Beim Begehen der Häuser müssen Sie mitunter vorsichtig sein, weil die historischen Gebäude nicht nach den heutigen Sicherheitsbestimmungen erbaut wurden. Aber um solche Dinge soll es hier nicht gehen. Vielmehr sollen ein paar Anregungen gegeben werden, die Ihnen den Museumsbesuch zu einem nachhaltigen Erlebnis machen.

1. Die Anforderungen in Alltag und Beruf sind nicht gering. Vieles ist unter großem Zeitdruck zu erledigen, um die Aufgaben zu meistern. Im Museum drängt Sie niemand. Hier muss nichts erledigt werden. Sie müssen nicht im ganzen Museum gewesen sein, nicht alles besichtigt und schon gar nicht alle Texte gelesen haben.
   Gehen Sie für sich durchs Museum, machen Sie Pausen und schauen Sie sich das an, was Sie interessiert.
2. Das Museum zeigt eine längst vergangene Welt. Es sind aber nicht nur die Häuser, Geräte und Werkzeuge, die sich verändert haben, sondern auch unsere Einstellungen und Empfindungen. Die körperlich anstrengende Arbeit war noch vor hundert Jahren so selbstverständlich, wie sie heute für uns fast unvorstellbar ist.
   Bewerten Sie die alte Zeit im Vergleich zu heute nicht in Kategorien wie »besser« oder »schlechter«; stellen Sie aber sehr wohl fest, dass es früher »anders« war.
3. Im Bauernhofmuseum finden Sie Sachen aus einer großen Zeitspanne. In der Tenne der Sölde aus Honsolgen sind beispielsweise Fundamentsteine eines römischen Gutshofes zu sehen, die am Originalstandort etwa im Jahr 200 gelegt wurden. Im Schützenmuseum sind Scheiben ausgestellt, die kurz

nach der Entdeckung Amerikas entstanden. Manche Häuser des Museums wurden erbaut, als die Eltern oder Großeltern vom Dreißigjährigen Krieg erzählen konnten. Und was mochten sich die Bewohner des Nattererhofes wohl gedacht haben, als sie Bayern wurden oder als sie nach dem Zweiten Weltkrieg Vertriebene aufnehmen mussten? Diese wenigen Andeutungen mögen darauf hinweisen, dass es in der Geschichte ständig Veränderungen und Entwicklungen gab.

Es gibt nicht nur ein »früher« und ein »heute«. Auch »früher« gab es tiefgreifende Entwicklungen und Veränderungen.

4. Das Museum ist ein Ort des Erinnerns. Hier sind, so dicht wie kaum an einem anderen Ort, Geschichte (oder deren Reste) und Erinnerungen zu sehen. Aber viele alte Sachen bleiben stumm, sie sagen uns nichts oder wir verstehen sie nicht. Das hängt vom persönlichen Zugang und der individuellen Erfahrung des Betrachters ab. Manch einer weiß Dinge, die andere nicht kennen.

   Sprechen sie ruhig mit anderen Museumsbesuchern über das Museum und die ausgestellten Sachen. Sie können viel erfahren, und schließlich ist ein Museum auch ein Ort der Kommunikation.

5. In keinem Historienspektakel und auch in keinem Museum ist man in der Vergangenheit. Man bleibt auch im Museum ein Kind seiner Zeit.

   Im Museum kann man viel sehen, erleben und versuchen zu verstehen, aber man lebt keinesfalls für Stunden in der Geschichte.

6. Ein Museum ist ein Archiv für dreidimensionale Objekte. Diese sind im Museum, um der Nachwelt erhalten zu bleiben und nicht, um sie in ihrer ursprünglichen Funktion zu benutzen und zu verschleißen.

   Probieren Sie die Sachen nicht aus und fassen Sie sie nicht an. Ihre Nachfahren werden es Ihnen danken. Im Rahmen unserer Museumspädagogik arbeiten wir mit Nachbauten alter Gerätschaften - da dürfen Sie gerne mitmachen.

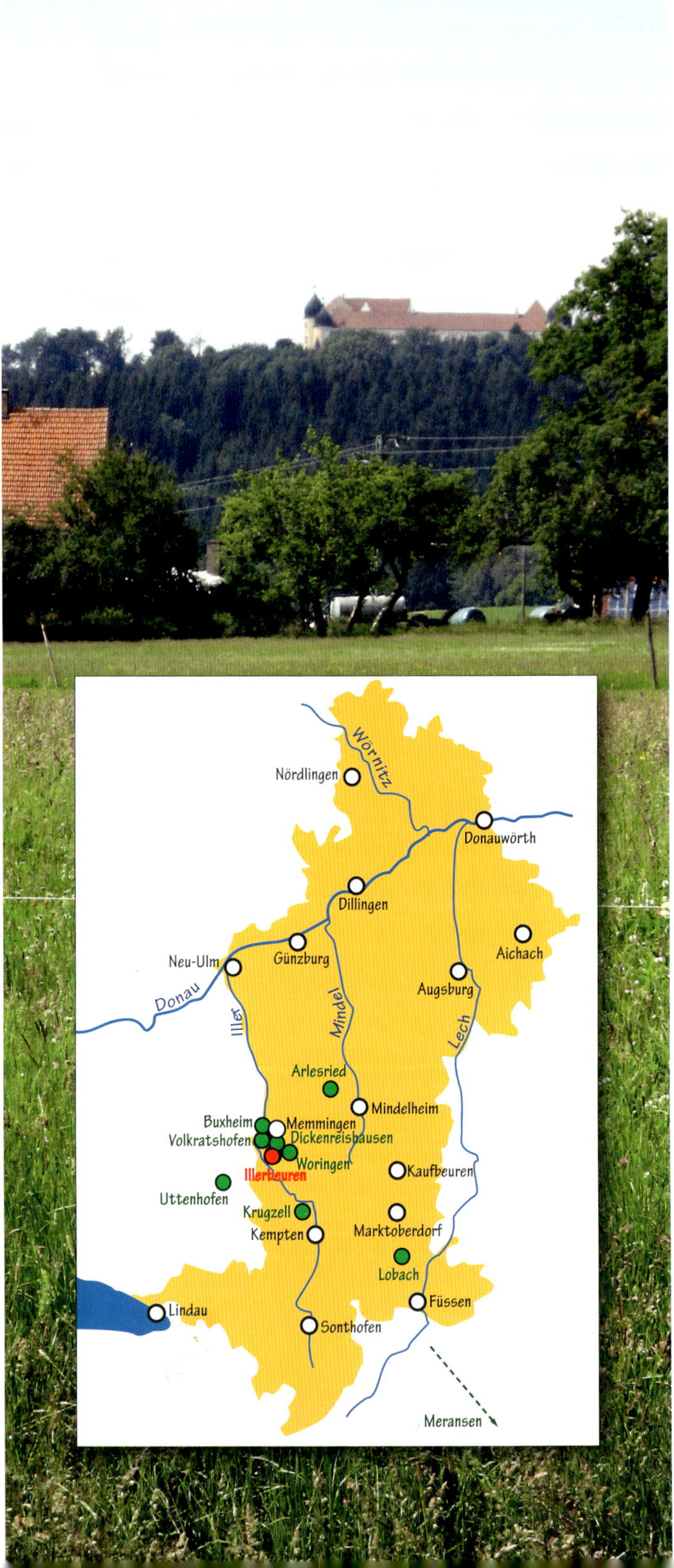
Wörnitz
Nördlingen
Donauwörth
Dillingen
Aichach
Neu-Ulm
Günzburg
Augsburg
Donau
Iller
Mindel
Lech
Arlesried
Mindelheim
Buxheim
Memmingen
Volkratshofen
Dickenreishausen
Woringen
Illerbeuren
Kaufbeuren
Uttenhofen
Krugzell
Kempten
Marktoberdorf
Lobach
Lindau
Füssen
Sonthofen
Meransen

Als im Jahr 1955 das »Bauernhofmuseum Illerbeuren« eröffnet wurde, bestand es aus einem einzigen Gebäude, der St.-Ulrich-Sölde. Und selbst dieses Haus war nur in Teilen zu besichtigen, weil es andernteils noch bewohnt war. Sieben Jahre später waren die letzten Bewohner ausgezogen, so dass die ➡ **Sölde** insgesamt Museum werden konnte.

1967 wurde das erste nach Illerbeuren versetzte Gebäude, der Arlesrieder Pfarrstadel, eröffnet. Nun setzte man sich zum Ziel, möglichst viele dörfliche Funktionsbauten in das Museum zu integrieren: den Zehentstadel, das Göpelhaus, den Kornspeicher, das Backhaus, die Schmiede, die Kapelle, das Bienenhaus, das Feuerwehrhaus ...

Angesichts der zur Verfügung stehenden finanziellen und logistischen Möglichkeiten wurde schier Unglaubliches geleistet. Allerdings mussten angesichts der praktischen Aufgaben die Dokumentations- und Forschungsarbeiten gewissermaßen in den Hintergrund treten. Und man nutzte die Häuser auch dazu, die schnell wachsende Sammlung möglichst umfangreich zu zeigen. So wirkt es etwas verwirrend, wenn beispielsweise im Grieshof eine Küferei und eine Schuhmacherei zu sehen sind, die nie in diesem Bauernhof waren. Aber man wollte eben die erworbenen und gespendeten Sachen zeigen und das Bauernhofmuseum anlegen als ein kulturgeschichtliches Museum mit einem weiten Sammel- und Präsentationsspektrum.

Beim Ausbau des Museumsdorfes legte Hermann Zeller, der von Anfang an das Museum betreute und konzipierte, großen Wert auf die räumliche Gestaltung. Es entstanden Gebäudegruppierungen, die von Häusern umrahmte, kleine Plätze ergaben. Zwischen St.-Ulrich-Sölde (Nr. 1), Grieshof (Nr. 6) und Gromer-

◁ *Die Landschaft um das Museumsdorf Illerbeuren wird überragt von Schloss Kronburg.*

◁ *Karte von Schwaben mit dem Eintrag der Herkunft der Gebäude (●) in der Baugruppe »Altes Museumsdorf«. Einige Häuser stehen an ihrem ursprünglichen Standort.*

Beim Eingang in das Bauernhofmuseum wird man empfangen von der St.-Ulrich-Sölde (ganz links, angeschnitten), dem Kornspeicher aus Volkratshofen, dem Zehentstadel aus Krugzell und dem Grieshof aus dem Illergries bei Krugzell.

hof (Nr. 8a) bildete sich so ein mittlerweile von großen Linden überschatteter, platzartiger Eingangsbereich. Auch vor der Schmiede (Nr. 13) oder dem Woringer Häusle (Nr. 10) stehend erlebt man einen ähnlichen Raumeindruck.

Dieser Gestaltungswille führte dazu, dass einige Häuser nicht in der ursprünglichen Himmelsrichtung aufgebaut, sondern so gedreht wurden, dass ein attraktiver Gesamteindruck entstand. So wiesen etwa die schmucken Giebel des Grieshofes (Nr. 6) und des Krugzeller Zehentstadels (Nr. 3) einst nach Süden und nicht gen Westen. Denn in aller Regel legte man aus verschiedenen Gründen Wert auf die Ausrichtung der Häuser. Dabei entsprachen die Auffassungen damals nicht unbedingt unseren heutigen Vorlieben. Man bevorzugte die Lage des Wohnteils im Osten eines Hofes, weil das die wettergeschützte Seite war. Auf die Westseite kam der Wirtschaftsteil. Heute hat man dagegen gerne ein Wohnzimmer im Westen, um nach Feierabend noch die letzten Sonnenstrahlen zu genießen.

Gerade die nach Westen zeigenden Fachwerkwände führen immer wieder zu Problemen: Der Schlagregen, im Winter oft gepaart mit Frost, führt zu nicht unerheblichen Bauschäden.

Durch die reichhaltige Ausstattung und die Anordnung der Gebäude entstand ein Museum von außergewöhnlichem Charme. Auch wenn man heute manches anders machen würde, soll das »Alte Museumsdorf« seinen Reiz nicht durch tiefgreifende Überarbeitungen verlieren. Denn schließlich berichten die ersten Häuser des Illerbeurener Museums aus der Anfangszeit der Freilichtmuseen in Süddeutschland. Auch wenn immer wieder Renovationen anstehen, sollen die Häuser im Wesentlichen ihre Einrichtung und Ausstattung aus der Frühzeit des Museums behalten.

Manche Gebäude im Alten Museumsdorf stehen an ihrem ursprünglichen Standort, waren also Teil des Dorfes Illerbeuren. Die anderen kamen überwiegend aus der näheren Umgebung, wobei die Schmiede (Nr. 13) eine kleine und der Göpel aus Südtirol (Nr. 5) eine große Ausnahme macht.

Löwenzahn und Lichtnelken im Alten Museumsdorf - im Hintergrund der Uttenhof (Nr. 4) und das Bienenhaus (Nr. 9)

Das erste Haus des Museums

Ländliche Kleidung

Flachsverarbeitung

Milchverarbeitung

Wagnerei

Brauerei ... und alles,
was man im Haus brauchte

Vexierbild

Taufhäubchen

Herkunft	Illerbeuren, ursprünglicher Standort
Erbaut / erweitert	1696 / 1812
Präsentationszeit	um 1920
Grundfläche (ca.)	Haupthaus 17,20 m x 11,80 m Wiederkehr 8,10 m x 7,80 m = 266 m²
Museale Nutzung	seit 1955
Einrichtung	Mobiliar und Gebrauchsgegenstände im Stil eines Heimatmuseums, Wagnerei, ländliche Mietwohnung
Ausstellungen	Milchverarbeitung, ländliche Kleidung, Flachsverarbeitung, Brauerei

Dieses Kleinbauernhaus steht an seinem ursprünglichen Standort und ist das erste Gebäude des Bauernhofmuseums. Nach dem Erwerb durch den Heimatdienst Illertal e. V. und seiner teilweisen Einrichtung wurde mit diesem Haus das Bauernhofmuseum eröffnet. Manche Räume waren noch bis 1962 bewohnt. Danach

◁ *Haustüre der St.-Ulrich-Sölde*

stand die ➡ **Sölde** dem Museum insgesamt zur Verfügung.

Zur St.-Ulrich-Sölde, benannt nach dem Augsburger Bischof Ulrich (890-973), gehörten im Jahr 1800 etwa sieben Jauchert Land, was einer Fläche von etwa 3,5 Hektar entsprach. Dieses Anwesen war die einzige ➡ **Sölde** in Illerbeuren. Sie stand bis 1614 unter der Grundherrschaft des Klosters Mönchsroth (Rot a. d. Rot) und wurde dann von der adeligen Herrschaft in Kronburg erworben. Bis 1788 wurde zur Landwirtschaft eine Bäckerei betrieben, danach eine Wagnerei.

Das Gebäude zeigt sich als ein aus Ziegelsteinen gemauerter Bau. Die Fassade lebt vom Spiel der weiß getünchten Putzflächen mit blanken, kleingeteilten Fenstern und grünen Fensterläden. Das Tennentor mit dem Habsburger Doppeladler legt die Vermutung nahe, als habe die Sölde zu Vorderösterreich gehört. Aber das Tor ist kein Original. Gleichwohl gab es in Schwaben einige habsburgische Gebiete, und die entsprechenden Höfe trugen häufig den Doppeladler als Zierde auf dem Tennentor. Außergewöhnlich ist die Haustüre mit

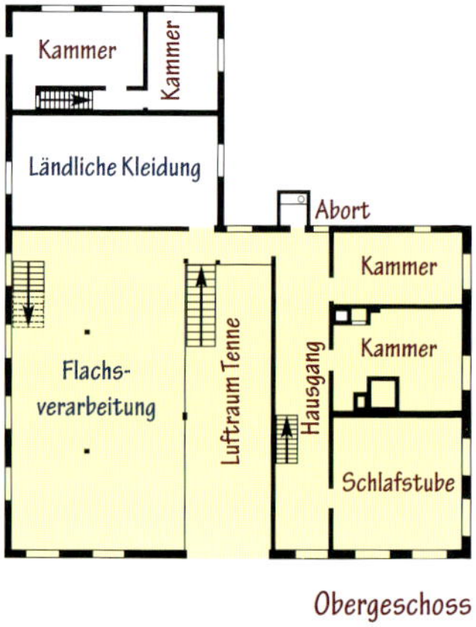

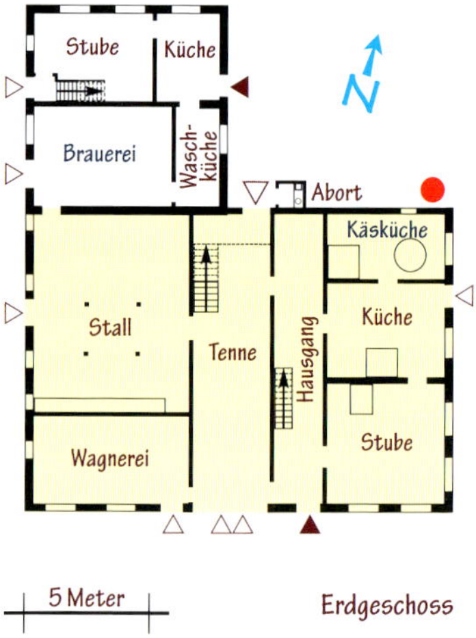

Grundriss der St.-Ulrich-Sölde. Das ursprüngliche Mittertennhaus ist gelb unterlegt.

Links: Das Schaben der Spätzle ist eine Kunst: Wie der Maler die Palette hielt man dabei das Spätzlebrett. Mitte: Um ein ausbrechendes Feuer möglichst im Keim zu bekämpfen, stand in jedem Haus der Feuerlöscheimer bereit. Rechts: Im Mostlegel nahm man das beliebte Getränk mit zur Feldarbeit.

ihrem einfachen, kraftvollen Schnitzwerk, welches die göttliche Dreifaltigkeit darstellt.

Der Hof besteht aus zwei Teilen, dem älteren ➡ **Mittertennhaus** (im Grundriss gelb unterlegt) und der jüngeren ➡ **Wiederkehr**, wie man den Anbau im Norden nennt. Das Dach der St.-Ulrich-Sölde ist als steiles ➡ **Pfettendach** ausgebildet und mit Biberschwanzziegeln (➡ **Dachdeckung**) gedeckt. Die Tenne, die Einfahrt für die Fuhrwerke, teilt das Gebäude in den Wohnteil im Osten und den Wirtschaftsteil im Westen.

Wie jedes alte Haus erfuhr auch die St.-Ulrich-Sölde viele bauliche Veränderungen und Anpassungen, weil sich die funktionalen Erfordernisse und der Zeitgeschmack änderten. Ursprünglich wurde 1696 ein Haus errichtet, dessen Baumaterial im Wesentlichen Holz war. Auf der Nordseite ist noch ein Teil des alten Wandaufbaus aus Säulen und Bohlen erhalten (im Grundriss markiert: ●). Noch im 18. Jahrhundert wurden die Außenmauern durch Ziegelmauerwerk ersetzt und der Aborterker angebracht. Bis dahin war eben der Stall die Toilette.

Die »Käskuche« mit Gerätschaften zur Milchverarbeitung - im Wandregal eine Reihe verschiedener Buttermodel

1812 erweiterte man das Haus durch den Anbau einer eingeschossigen ➡ **Wiederkehr** und ersetzte die Innenwände durch Ziegelmauerwerk. Gegen Ende des 19. Jahrhunderts erhielt das Gebäude seine heutige Form: Das zuvor noch niedrigere Obergeschoss wurde insgesamt erhöht, die ➡ **Wiederkehr** zweigeschossig gemacht, ein neuer Dachstuhl aufgesetzt und die Fenster in der jetzigen Größe eingebaut. Ständig gab es größere und kleinere Umbauten: hier versetzte man eine Türe und dort wurde eine Decke erneuert. Und alle ein bis zwei Jahre strich man die Wände neu – etwa von der Mitte des 19. Jahrhunderts an sehr bunt und mit ➡ **Schablonenmalereien** versehen. (In einzelnen Räumen sind »Fenster« in die Farbschichten gelegt, die den Blick auf alte Wandfarben und -muster freigeben.) Und als das Bauernhaus Museum wurde, nahm man wiederum Rückbauten vor. So wurde beispielsweise wieder eine alte Feuerstelle mit dem Schlot in die Küche gemauert.

Die Räume der St.-Ulrich-Sölde sind weitgehend so gestaltet und eingerichtet wie zur Gründungszeit des Museums, nicht zuletzt um ein Stück bayerischer Museumsgeschichte zu dokumentieren. Denn schließlich ist die St.-Ulrich-Sölde das erste Haus eines süddeutschen Freilichtmuseums. Die Räume sind reichlich ausgestattet mit Gegenständen, die einen Bezug zum jeweiligen Raum haben. Die Objekte decken etwa einen Zeitraum von etwa 1750 bis 1920 ab.

Blick in die Schlafkammer der Buben

Durch die Haustüre gelangt man in den Hausgang und von da in die Wohnstube mit dem großen Kachelofen. Dieser wurde von der nebenliegenden Küche aus beheizt, damit man Rauch und Qualm der Feuerung von der Stube fernhielt. Die Küche zeichnet sich aus durch die offene Feuerstelle mit dem Schlot, durch den der Rauch mehr schlecht als recht abzog, weil die große Öffnung keinen Zug entwickelt. Küchenherde mit geschlossener Feuerung fanden erst seit der Mitte des 19. Jahrhunderts mit dem Bau enger, sogenannter russischer Kamine Verbreitung. In dem sich an die Küche anschließenden Raum befindet sich ein tiefer Brunnen. Ursprünglich war der Raum eine Vorratskammer, nun sind Gerätschaften zur Milchverarbeitung ausgestellt.

Vexierbild im oberen Hausgang: Je nach Standort sieht man die Muttergottes oder Christus.

Das Obergeschoss ist den Schlafräumen vorbehalten. An die große Schlafstube der Bauersleute mit dem Himmelbett schließen sich die Kammern für die Mädchen – über der Küche, wo es etwas wärmer war – und die Buben an.

In der Tenne und im Stall finden Sie viele Werkzeuge und Geräte zur Feldarbeit und zur Tierhaltung. Vom Stall aus gelangt man in die sogenannte Brauerei mit vielen entsprechenden Gerätschaften. Die Einbauten wurden im Rahmen der Musealisierung des Hauses in den 50er Jahren des 20. Jahrhunderts vorgenommen. Die Wagnerei hingegen bestand seit 1788. Besondere Beachtung ist der Drechselbank und ihrem Antrieb von 1802 zu schenken. Die Antriebsstange am separaten Schwungrad kann umgesteckt werden, um zwischen zwei Übersetzungen zu wählen.

Über dem Stall befindet sich eine Sammlung von Geräten zur Flachsverarbeitung. Bis ins 19. Jahrhundert wurde im Allgäu in größerem Umfang Flachs angebaut und zu Leinen versponnen und verwoben. In dieser Abteilung ist auch eine schöne Sammlung von Druckstöcken für den Textildruck ausgestellt. Von der Flachsabteilung gelangt man in einen kleinen Raum, in dem das

Die kleine Schlafkammer im Obergeschoss der Wiederkehr mit interessanter Wandbemalung

Museum Teile seiner umfangreichen Sammlung ländlicher Kleidung zeigt. Weil die Textilien sehr lichtempfindlich sind, ist die Beleuchtung stark reduziert. Aber nach wenigen Augenblicken stellen sich die Augen auf die Lichtverhältnisse ein.

In die Räumlichkeiten der ➡ **Wiederkehr** gelangt man durch eine eigene Haustüre, denn diese Zimmer waren eine gesonderte Wohnung. Dieser Teil des Hauses ist erst seit 2009 nach dem Abschluss einer Renovierung zu besichtigen. Die Wohnung ist eingerichtet wie in der Zeit um 1920. In ihr lebten die Eltern der Hausbesitzer, später zwei Schwestern.

Auf der Ostseite der St.-Ulrich-Sölde sind zwei Bauerngärten angelegt, die durch ihre zauberhafte Mischung aus Blumen, Kräutern und Gemüse besonderen Liebreiz ausstrahlen. Die meisten Pflanzen sind auf Steckschildchen bezeichnet.

Im Garten der St.-Ulrich-Sölde

Eiszange

Fischleier

Stockholz

Knochenstampfe

Gerätschaften zur Feld- und Waldarbeit

Milchkarren und -schlitten

Herkunft	Arlesried, Gemeinde Erkheim, Landkreis Unterallgäu
Erbaut	1712
Präsentationszeit	1712
Grundfläche (ca.)	9,00 m x 8,00 m = 72 m²
Museale Nutzung	seit 1967
Einrichtung	Ausstellung von Gerätschaften zur Feld- und Waldarbeit, zum Milch- und Molketransport sowie einiger Spezialgeräte

Der Pfarrstadel ist das erste Gebäude, welches in das Museum versetzt wurde. Mit der Transferierung des Stadels wurde das Bauernhofmuseum zum Freilichtmuseum.

Die kleine Scheune gehörte vor ihrer Versetzung im Jahr 1967 zum Pfarranwesen in Arlesried. Die einst selbständige Gemeinde war eine zur protestantischen Reichsstadt Memmingen gehörende Landpfarrei. In Folge der Reformation trat man wie in Memmingen so auch in Arlesried zum protestantischen Glauben über.

◁ *Tor des Arlesrieder Pfarrstadels*

Das geschah in Arlesried im Jahr 1532, lange vor der Errichtung des Stadels.

Zu einer Pfarrei gehörte in der Regel eine kleine Landwirtschaft, die im evangelischen Dorf der Pfarrer mit seiner Familie zur besseren Eigenversorgung betrieb.

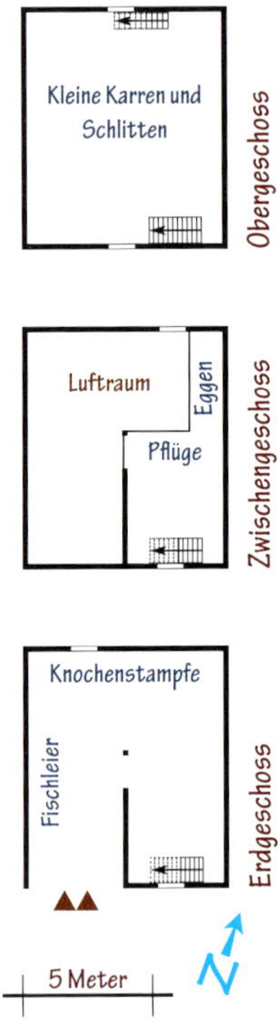

Grundriss des Arlesrieder Pfarrstadels. Im Stadel sind viele Gerätschaften für die Arbeit auf Feld und Flur ausgestellt.

An dem Stadel sind verschiedene Holzbauweisen zu erkennen. Grundsätzlich ist der Stadel ein Ständerbau. An den Gebäudeecken, in den Giebelmitten und in den Längswänden stehen Säulen oder Ständer, die bis zum Beginn des Dachstuhls reichen und die Last des Hauses tragen. Die Flächen zwischen den Ständern sind im Erdgeschoss in ➡ **Ständer-Blockbau**weise geschlossen, im Obergeschoss als ➡ **Ständer-Stabbau** ausgeführt. Das Dach des Arlesrieder Pfarrstadels ist ein ➡ **Sparrendach** mit liegendem Stuhl. Sie erkennen deutlich den Knick im unteren Bereich der Dachfläche, der durch die sogenannten Aufschieblinge (➡ **Sparrendach**) entsteht.

Der Pfarrstadel wurde bei seinem Wiederaufbau im Norden um etwa vier Meter gekürzt, weil er in diesem Bereich nicht mehr verwendungsfähig erhalten war, und das große, mit dem Habsburger Doppeladler bemalte Tor stammt von einem anderen Hof in Illerbeuren, der damals noch nicht zum Museum gehörte, nämlich dem Neubauerhof (Nr. 19). Statt des großen bildeten einst zwei kleine Tore die Einfahrten. Das Museum verzichtet auf die Rekonstruktion des ursprünglichen Bauzustandes, weil dies die Originalsubstanz nicht erhöhen würde. Und so

Die große Knochenstampfe, deren Antrieb einst durch ein Wasserrad erfolgte

treten uns eben die engagierten, durchaus von gestalterischer Kraft getragen Ambitionen aus der Gründerzeit des Museums selbstbewusst gegenüber.

Die Ausstattung des Gebäudes entspricht nicht seiner ursprünglichen Nutzung, sondern ist eine Art Ausstellung der frühen Museumsphase. Der Stadel zeigt im Erdgeschoss zwei Großgeräte: eine Knochenstampfe und eine Fischleier. Mit der Knochenstampfe, die einen Antrieb durch ein Wasserrad benötigt, wurden – wie der Name schon sagt – Tierknochen zerstampft, die einen kalziumhaltigen Dünger ergaben. Die lange Fischleier diente dem »Ausschöpfen« von Fischweihern bzw. abgesperrten Bächen. Die Fische sammelten sich in - durch das Ausschöpfen immer kleiner werdenden - Wasserlöchern (»Gumpen«) und konnten ohne Mühe gefangen werden. Relativ groß ist auch die alte hölzerne Ackerwalze, mit der man die Schollen des Ackerbodens zertrümmerte und gleichzeitig die Bodenoberfläche verdichtete, um ein festes Saatbeet zu schaffen. Darüber hinaus benutzte man sie auch zum Andrücken der Saat.

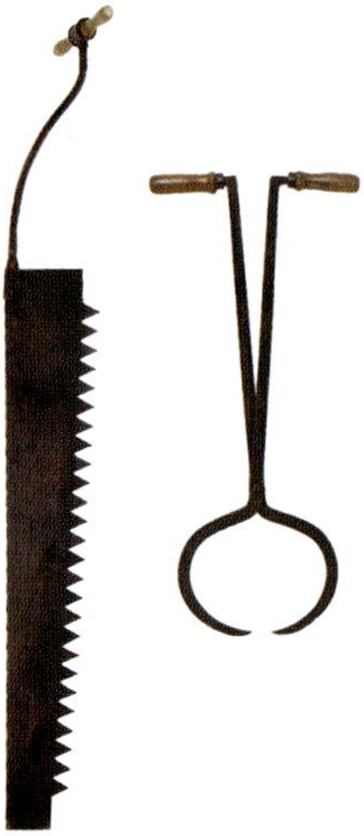

Links: Beim »Eisnen« auf dem Espachweiher der Brauerei Ustersbach, 1934; rechts: Eissäge und Eiszange, abgebildet im originalen Größenverhältnis.

Neben diesen Großgeräten befinden sich im Erdgeschoss verschiedenste Instrumente zur Feld- und Waldarbeit. Das sind Hacken und Hauen zur Pflege von Gräben, Torfspaten, Distelstecher zum Jäten von Unkraut und ähnliche Gerätschaften. Besonders zu erwähnen sind die großen Eissägen und Eiszangen, mit denen man im Winter von Weihern und Seen Eisblöcke für die Eiskeller der Brauereien barg. Der Eiskeller lag unterirdisch neben dem eigentlichen Bierkeller. Durch eine Verbindungsöffnung strömte die kalte Luft in den Bierkeller und kühlte den ganzen Sommer über das eingelagerte Bier.

Zu nennen sind auch Gerätschaften zum Herausarbeiten der Wurzelstöcke bereits gefällter Bäume. Vom Stockholz, das als Brennholz diente, sagte man, dass es drei Mal wärme: beim Her-

Milchtransport um 1930. Der Milch- und Molketransport war eine der leichteren Arbeiten auf dem Hof, die meistens den Kindern zufiel.

ausnehmen, beim schwierigen und kraftraubenden Spalten und Sägen des verwachsenen Holzes und schließlich beim Feuern, weil es einen hohen Brennwert hat.

In der Zwischenetage befinden sich ein paar handwerklich produzierte Pflüge und Eggen, die wohl wichtigsten Geräte des Ackerbaus. Ihre Anfertigung lag gemeinsam in Händen des Wagners und des Schmiedes.

Im Obergeschoss sind kleine Transportfahrzeuge und –geräte, vor allem Karren und Schlitten zum Milch- und Molketransport ausgestellt. Häufig wurde diese Aufgabe Kindern übertragen, die als Helfer den Hofhund oder eine Ziege einspannten. Zur Molkerei oder Sennerei transportierte man die Milch, und auf dem Rückweg nahm man meist Molke, die bei der Käseherstellung abfällt, als Schweinefutter mit zurück auf den Hof.

Im Gebäude liegen Führungsblätter aus, welche die ausgestellten Geräte und Werkzeuge kurz beschreiben.

Wagen
Schlitten
Fuhrwerke
Mostwägele
Rennschlitten
Hauptmannsstein
Schneepflug für 20 Pferde
Sebastian Kneipps Kutsche

Krugzeller Zehentstadel 3

Herkunft	Krugzell, Gemeinde Altusried, Landkreis Oberallgäu
Erbaut	1791
Präsentationszeit	1791
Grundfläche (ca.)	22,00 m x 15,00 m = 330 m²
Museale Nutzung	seit 1971
Ausstellungen	Ländliche Wagen und Schlitten auf drei Etagen

Dieses Gebäude diente der Ablieferung und Einlagerung der bäuerlichen Abgaben an die Grundherrschaft. Der Zehnt, wie die bekannteste »Steuer« hieß, betrug meist weniger als ein Zehntel des Ernteertrages. Man unterschied in den »Großen Zehnt« (Getreide und Wein) und den »Kleinen Zehnt« (Kartoffeln, Klee und ähnliches). Der erste war weitgehend unstrittig. Dagegen kam es beim Kleinen Zehnt oft zu Widerständen von Seiten der Bauern. Am wenigsten schätzten sie aber die ebenfalls zu leistenden Hand- und Spanndienste, also die direkte Arbeit für den

◁ *Farbig gefasstes Gefach der Fassade des Zehentstadels*

Grundherrn auf den von ihm direkt bewirtschafteten Feldern. Die größeren Bauern, welche Pferde besaßen, leisteten Spanndienste mit ihren Pferden, die ärmeren Bauern konnten lediglich zu Handarbeiten herangezogen werden.

Auf kirchlichem und klösterlichem Grund endete das Zehntwesen am Anfang des 19. Jahrhunderts, und mit der sogenannten Bauernbefreiung von 1848 gingen alle von den Bauern bewirtschafteten Felder in deren Eigentum über, wofür sie allerdings entsprechende Entschädigungen zu zahlen hatten. Dafür gab es äußerst günstige Kredite, die spätestens bis 1948 getilgt sein sollten. Doch

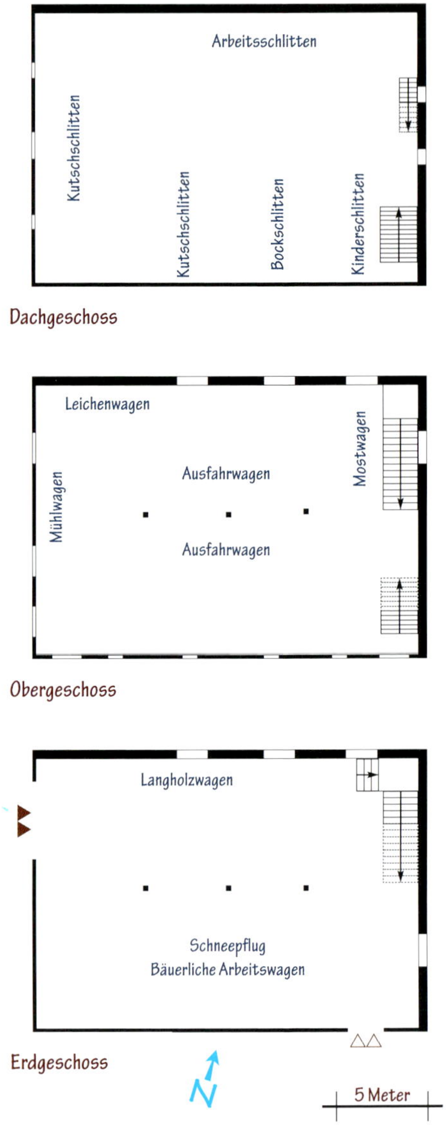

Grundriss des Zehentstadels aus Krugzell. Er dient als Ausstellungsgebäude für ländliche Fahrzeuge.

so lange lief keines der Darlehen, weil 1923, im Jahr der Inflation, die Restschuld ohne Mühe abzulösen war.

Der mit 1791 datierte Zehentstadel kommt aus Krugzell, gehörte dem Fürststift Kempten - auf der Luke im Giebel ist das Wappenbild der Hochfürstlich-Kemptischen Hofkammer angebracht - und hatte wohl mehrere Vorgängerbauten. In Krugzell sind bereits 1451 ein Meierhof und ein Zehentstadel als Lehen des Fürststifts erwähnt. 1525, im Bauernkrieg, wurde der Stadel niedergebrannt.

Wenn Sie von Südosten auf den Zehentstadel zugehen, sehen Sie an der Ecke einen großen Stein, den sogenannten Hauptmannsstein. Er war der erhöhte Standpunkt für den Vertreter des Fürstabts und später des Gemeindedieners, wenn am Sonntag nach der Kirche Bekanntmachungen zu verlesen waren.

Zwei der Umfassungsmauern des Gebäudes sind in Fachwerk ausgeführt, die beiden anderen massiv aus Ziegeln gemauert. Am ursprünglichen Standort zeigte der Fachwerkgiebel mit dem Eingangstor nach Süden, die zweite Fachwerkwand nach Osten. Die massiven Wände lagen auf den Wetterseiten im Westen und Norden. Aus Gründen der Platzgestaltung wurde das Gebäude beim Wiederaufbau um 90° gedreht. Die kräftigen Ständer der Fachwerkwände laufen durch bis zur Traufhöhe. Die Gefache zwischen den Hölzern sind mit Ziegeln ausgemauert. Diese Ausmauerung hat, wie bei jedem Fachwerkbau, keine tragende Funktion.

Zimmerleute stellen sich mit ihren Werkzeugen beim »Balken hauen« dem Fotografen - man trägt übrigens eine Schürze. Legau, Anfang 20. Jahrhundert

Krugzeller Zehentstadel

Das Dachgerüst ist als ➡ **Sparrendach** mit liegendem Stuhl ausgeführt. Diese handwerklich perfekte Konstruktion ist im Dachgeschoss sehr gut zu sehen. Alle Hölzer des Dachgebälks wie auch der Fachwerkskonstruktion wurden übrigens nur mit Axt und Beil aus dem vollen Baumstamm herausgearbeitet.

Die Einrichtung des Gebäudes entspricht nicht der ursprünglichen Nutzung. Der große Stadel ist im Museum zu einem Ausstellungsgebäude für Fahrzeuge geworden.

Im Erdgeschoss sehen Sie verschiedene bäuerliche Fuhrwerke. Auch wenn die Wagen je nach Transportgut (Jauche, Kies, Heu, Holzkohle, Säcke, Baumstämme) sehr unterschiedlich erscheinen, so bestehen sie alle im Wesentlichen aus drei konstruktiven Elementen: dem Vordergestell mit drehbarer Achse (Lenkschemel), dem Hintergestell und dem die beiden Teile verbindenden Langwied. Allein der Aufbau ist der jeweiligen Nutzung angepasst. Es kam durchaus vor, dass ein Kleinbauer nur einen Satz dieser Elemente und verschiedene Aufbauten hatte, so dass er den gerade benötigten Spezialwagen zusammenstellen konnte. Große Bauern hatten natürlich für jeden Zweck einen eigenen Wagen. Sehr selten ist der Wagen mit dem großen, aus Weidenruten geflochtenen Aufbau. Er diente dem Transport von Holzkohle, die relativ leicht ist, so dass ein großes Volumen geladen werden konnte.

Zur platzsparenden Unterbringung der Wagen in der Winterzeit wurden die Fahrzeuge oft auseinandergenommen.

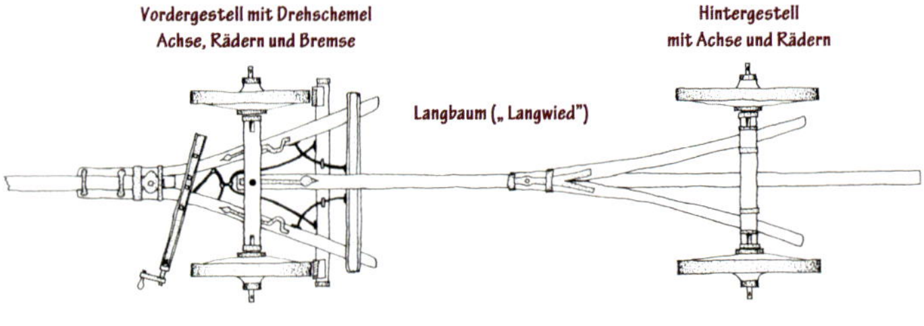

Die konstruktiven Teile eines bäuerlichen Fuhrwerks

Kiestransport mit einem »Kiestruhenwagen", wie er im Zehentstadel ausgestellt ist

Die Herstellung und Reparatur der Wagen lag in Händen des Wagners und des Schmieds; letzterer fertigte die Beschläge und zog die Eisenreifen auf die Räder.

Besondere Beachtung verdient der große Schneepflug im Erdgeschoss, der über den Wagen von der Decke hängend angebracht ist. Um mit dem Ungetüm den Schnee von der Straße zu räumen, sollen 20 Pferde angespannt worden sein. Das ist zwar kaum vorstellbar, denn die Rösser müssen in so großer Zahl erst einmal gelenkt und geführt sein. Der Schnee musste nicht, wie heute üblich, vollständig von der Straße geräumt werden. Es war lediglich der tiefe, lockere Schnee zu entfernen, damit eine feste und ebene Schneelage entstand. Darauf fuhr man mit den Winterfahrzeugen, den Schlitten.

Im ersten Obergeschoss sehen Sie verschiedene, meist bäuerliche Ausfahrtwagen und Schlitten. Die Fahrzeuge im Zentrum haben schon fabrikgefertigte Eisen- bzw. Stahlteile. Insbesondere die sogenannten »Gäuwägele« waren seit der zweiten Hälfte des 19. Jahrhunderts sehr beliebt. Der Museumsbegründer Hermann

Mit diesem Phaeton war einst Pfarrer Sebastian Kneipp, der Begründer des nach ihm benannten Naturheilverfahrens, unterwegs. Solche Kutschen waren in Ärztekreisen - deshalb oft »Doktorwägele« genannt - sehr beliebt. Im Hintergrund ist ein Jagdwagen zu erkennen, dessen Sitzbänke in Längsrichtung montiert sind, weil das Interesse der Fahrenden nicht der Straße, sondern der Landschaft und dem Wild galt.

Zeller nannte sie einmal »VW des Bauern«. Diese Benennung erfolgte zu der Zeit, als der »Käfer« von Volkswagen enorm verbreitet war - selbst das ist heute schon Geschichte. Besondere Beachtung verdient das Phaeton, mit dem der durch seine Heilanwendungen bekannte Pfarrer Sebastian Kneipp häufig unterwegs war.

Die anderen Wagen auf dieser Etage dienten meist Spezialzwecken: dem Transport kleinerer Gerätschaften zur Arbeit auf den Feldern, dem Fahren von Most, dem alten »Nationalgetränk« der Schwaben, und nicht zuletzt ist ein Leichenwagen zu sehen, der einst der letzten Fahrt Verstorbener einen würdevollen Rahmen gab.

Rückfront des Rennschlittens aus dem Jahr 1756

Das zweite Obergeschoss ist dem Fahren im Winter vorbehalten. Die Kutschschlitten - einer stammt von den Besitzern der einstigen Glashütte im Kreuztal bei Leutkirch - boten, wenn man warm in Decken gehüllt war, gewissen Komfort. Der schnellen Fortbewegung dienten die Bock- oder »Rennschlitten«. Besondere Beachtung verdient der mit den beiden Schwanenköpfen an der Stirnseite von 1756. An seiner Rückenlehne ist, nach hinten blickend, eine grinsende Fratze angebracht, deren Anblick dem Überholten ein schlechter Trost war.

Die Arbeitsschlitten auf der Nordseite dienten vorwiegend dem Holztransport im Winter. Um eine gute Holzqualität zu erhalten, fällte man die Bäume in früheren Zeiten fast ausschließlich im Winter, wenn die Bäume in Saftruhe standen.

Holztransport mit Schlitten bei Bad Hindelang

Minerva
Landern
St. Mang
Spucknapf
Vestalinnen
Rauchhaus
Bürstenbinderei

Herkunft	Uttenhofen, Gemeinde Gebrazhofen, Landkreis Ravensburg, Baden-Württemberg
Erbaut	1745
Präsentationszeit	um 1900
Grundfläche (ca.)	Wohnteil 7,90 m x 7,60 m Kornkasten 8,40 m x 6,20 m = 112 m²
Museale Nutzung	seit 1975
Einrichtung	Mobiliar und Gebrauchsgegenstände
Ausstellungen	Bürstenbinderei

Der Uttenhof kommt aus dem württembergischen Allgäu, aus dem zur Gemeinde Gebrazhofen gehörenden Weiler Uttenhofen. Er gehörte zu einer größeren Hofstelle und war sowohl das ➡ **Austragshaus** als auch der Kornkasten des Hofes.

Der Wohnteil für die alten Bauersleute befindet sich auf der wettergeschützten Ostseite, während der Kornkasten auf der Wetterseite, im Westen liegt. Im Kornkasten wurde die Getrei-

◁ *Stubentüre mit Butzenscheibe*

Die offene Feuerstelle im »Hus« des Uttenhofes

deernte des Hofes eingelagert.

Der Uttenhof ist ein reiner Holzbau, der auf einem Sockel aus gemauerten Feldsteinen ruht. Im Wohnteil kam der ➡ **Ständer-Bohlenbau** zur Anwendung, während der Kornkasten als ➡ **Blockbau** ausgeführt ist. Der ganze Hof ist außen mit kräftigen Schwertlingen verschalt, und die meisten Räume des Wohnteils haben innen eine Vertäfelung. Die Wandkonstruktion ist deshalb nur an wenigen Stellen, z.B. im Hausgang des Erdgeschosses oder in der hinteren Kammer des Obergeschosses sichtbar.

Die Dachkonstruktion des Uttenhofes wird als ➡ **Pfettendach** (auch Rafen- oder Rofendach) bezeichnet. Die die Dachhaut tragenden, von der Traufe zum First laufenden Hölzer heißen Rafen. Diese Dachkonstruktion eignet sich für alle Dachneigungen. Sie kam in der Vergangenheit aber hauptsächlich im südlichen Schwaben bei flachgeneigten Dächern zur Anwendung. Heute werden im Hausbau nahezu alle Dachstühle als Pfettendach ausgebildet, während das ➡ **Sparrendach** fast in Vergessenheit geraten ist. Merkwürdigerweise hat sich aber für die Bezeichnung der Rafen der Begriff Sparren aus dem ➡ **Sparrendach** eingebürgert.

Die Dachhaut des Uttenhofes besteht aus Legschindeln (➡ **Dachdeckung**), die man auch Landern nennt. Das sind gespaltene - keinesfalls gesägte - »Brettchen« aus Nadelholz von etwa

1,5 cm Dicke und 80 cm Länge. Die Länge kann aber von Haus zu Haus zwischen 60 cm und 90 cm variieren. Damit die Landern widerstandsfähig gegen die Witterungseinflüsse sind, nimmt man zu ihrer Herstellung Holz von Bäumen aus Gebirgslagen, weil diese langsam wachsen, das Holz also enge Jahresringe aufweist und besonders robust ist. Die Landern liegen ohne Befestigung in drei Schichten lose aufeinander. Die seitlich befestigten und mit Steinen beschwerten Stangen drücken die Legschindeln nieder, so dass ein fester Verband entsteht, der Wind und Sturm trotzt.

Der Uttenhof ist ein Rauchhaus. Der Schlot über der Feuerstelle endet im Dachraum und der Rauch zieht allmählich durch das Dach ab. Das lässt gewisse Rückschlüsse auf die Wohnqualität zu. Andererseits übte der Qualm aber auch eine konservierende Wirkung auf die Legschindeln aus. Um die zu nutzen, schlug man das Dach etwa alle sechs bis zehn Jahre um, damit die durch den Rauch mit einer schützenden, pechähnlichen Schicht versehene Unterseite nach oben kam. Mit dieser »Imprägnierung« hielten die Landern lange Zeit, und das Dach war vor Moosbewuchs gefeit.

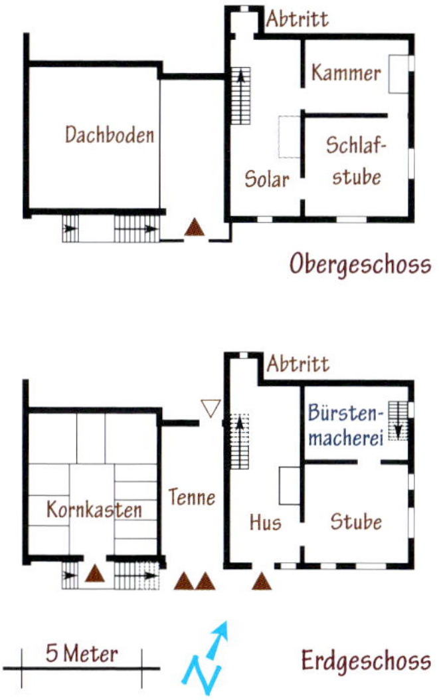

Grundriss des Uttenhofes. Das Hus vereint Küche und Hausgang. Neben der Stube war einst der Gaden, die Schlafstube.

Der Grundriss des Wohnteiles ist typisch für das Allgäu. Tritt man durch die Haustüre ins Innere, so steht man sofort in der Küche. Hausgang und Küche sind ein Raum, das »Hus« oder »Hüs«. Vom Hus aus geht man in die Stube mit dem großen Kachelofen, und von dieser in den Gaden, die

Schlafstube. Hier wurde im Museum entgegen der früheren Nutzung eine kleine Bürstenmacherei eingerichtet. Der Hausgang über dem Hus heißt Soler oder Solar. Die oberen beiden Kammern sind Schlafräume.

Stubenecke mit Standuhr und Spucknapf. Letzterer war bis weit ins 20. Jahrhundert hinein ein normales Gebrauchsmöbel. Er wurde mit Sägemehl eingestreut, sein Inhalt beim Entleeren verbrannt, um der Ansteckung durch Tuberkulose vorzubeugen.

Die Wohnräume sind vertäfelt. Hinter der Täfelung sind unter den Fenstern innenliegende Läden versteckt. Das Fenstersims kann mit einem Griff herausgenommen, der Laden hochgezogen und durch Wiedereinschieben des Simses gesichert werden.

Der Gupfofen - die kuppelartige Form ist der Grund für die Bezeichnung - in der Stube wird vom Hus aus befeuert. Über dem Ofen befindet sich in der Decke ein kleiner »Heizungsschieber«. Er wurde geöffnet, wenn man in der darüber liegenden Kammer etwas Wärme aus der Stube haben wollte. Die Standuhr in der Nordostecke der Stube ist geschmückt von einer Darstellung der vier Jahreszeiten. Im Nebenraum der Wohnstube, dem ursprünglichen Gaden, sind einige Bürstenbinder-Gerätschaften aus einer Memminger Werkstatt ausgestellt.

In der hinteren Kammer im Obergeschoss verdient der Schrank mit einer Darstellung des hl. Magnus (»St. Mang«) besondere Beachtung. Magnus gilt als der »Missionar« des All-

Minerva und Vestalinnen auf dem kleinen Ofen in der Schlafstube im Obergeschoss. Der Ofen besteht aus geschwärter Irdenware.

gäus. Er wirkte ab 746 im Allgäu und ist der Gründer der Benediktinerabtei St. Mang in Füssen. Er ist mit Wanderstab bei der Überwindung eines Drachen dargestellt. Der Drache habe ihm, so die Legende, bei Roßhaupten im Allgäu den Weg versperrt.

Der bemalte Schrank in der Schlafstube zeigt Schloss und Ortschaft Kronburg, das Nachbardorf Illerbeurens. Und wenn Sie den kleinen Ofen in der Schlafstube genau betrachten, können Sie auf der Stirnseite die römische Göttin des Handwerks und Gewerbes, Minerva, erkennen. Und auf den Seiten sind Vestalinnen bei der Arbeit: Die aus vornehmen römischen Familien stammenden *Virgines sanctae* (hl. Jungfrauen) hüteten im Tempel der Vesta, der Göttin des häuslichen Herdes, das heilige Herdfeuer.

Der Kornkasten des Uttenhofes ist etwas erhöht, damit das Getreide auf alle Fälle trocken lagerte. Man geht also auf der außenliegenden Treppe ein paar Stufen nach oben. Unter dem Treppenpodest befindet sich ein kleiner Verschlag für den Hofhund. Der Raum zur Getreidelagerung enthält fest eingebaute Abteile, sogenannte Dauten und Schälen, um die verschiedenen Getreidearten zu trennen. Ein weiterer Kornkasten mit ähnlicher Einteilung ist der Kornspeicher aus Volkratshofen (Nr. 7).

Im dem über eine Außentreppe zugänglichen Obergeschoss des Kornkastens ist die Dachhaut aus den lose aufgelegten Landern gut zu betrachten.

5

Göpel
Trimmel

Herkunft	Illerbeuren / Meransen (Maranza), Gemeinde Mühlbach (Rio di Pusteria), Italien
Erbaut	1972
Präsentationszeit	um 1920
Grundfläche (ca.)	7,10 m x 7,10 m = 50 m²
Museale Nutzung	seit 1972
Einrichtung	Göpel aus dem frühen 19. Jahrhundert und Trimmel (Lastenaufzug) von 1748

Das Göpelhaus wurde 1972 unter Verwendung einzelner Teile eines Göpelhauses aus der Gemeinde Kronburg neu errichtet. Der eingebaute Göpel stammt aus dem Pustertal in Südtirol und wurde vom Museumsgründer und einigen Helfern auf abenteuerliche Weise nach Illerbeuren gebracht.

In früheren Zeiten standen neben Wasser und Wind nur Mensch und Tier als Kraftquellen zur Verfügung. Göpel dienten der Umsetzung tierischer Kraft auf Maschinen. An den Quer-

◁ *Grau verwitterte Bretter auf der Westseite des Göpelhauses*

5 Göpelhaus

Beim Abtransport des Göpels in Südtirol mit Mercedes und Anhänger von bescheidener Größe, 1971. Der große Zahnkranz ist zerlegt.

holm wurden Pferde oder Ochsen gespannt. Dadurch setzte sich der große, waagrechte Zahnkranz in Bewegung. Dieser trieb das kleinere, senkrechte Zahnrad samt Welle und über die Seilschlaufe eine Maschine an, z. B. eine Futterschneidemaschine. Häufig übernahmen Kinder die Beaufsichtigung und das Treiben der am Göpel angespannten Tiere.

Bei dem zu sehenden Göpel beträgt die Übersetzung 1:12, d. h. bei einer Umdrehung des großen Zahnkranzes dreht sich die senkrechte Scheibe zwölf Mal. Aus der relativ langsamen Drehung der großen Antriebsscheibe entsteht durch die Übersetzung eine für Maschinenantrieb geeignete schnelle Drehzahl. Der Göpel ist vollständig aus Holz gefertigt. Die Zahnradzähne bestehen aus hartem Weißbuchenholz; sie sind bei Abnutzung auswechselbar.

Als Gegenstück zu dieser Übersetzung steht in der Ecke ein »Trimmel«, ein Lastenaufzug von 1778. Hier wird der kleine Zahnkranz von Menschenhand in Bewegung gesetzt und die Kraft auf ein großes Zahnrad übertragen, um mit relativ geringem Kraftaufwand schwere Lasten auf den

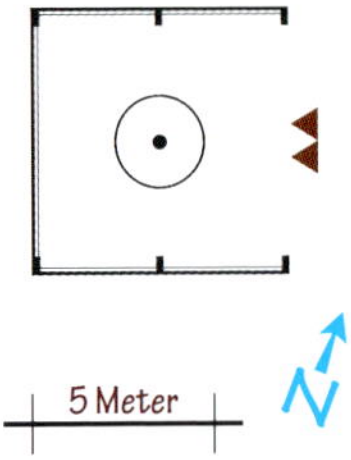

Grundriss des Göpelhauses

Ein gusseiserner Göpel auf dem Spitalhof in Kempten, um 1930

Dachboden zu ziehen. Solche Lastenaufzüge waren in städtischen Häusern sehr verbreitet.

Im Verlauf des 19. Jahrhunderts kamen fabrikgefertigte Göpel aus Gussstahl auf. Auch die Maschinenwerkstatt Aichstetten (Nr. 24) bot ihren Kunden unterschiedliche Modelle von Göpeln an. Und der Nattererhof (Nr. 20a) hatte über einen langen Zeitraum hinweg ein angebautes Göpelhaus, dessen Lage auf den Modellen im Hausgang des Nattererhofes zu sehen ist.

Verschiedene Göpelmodelle aus dem Katalog der Maschinenwerkstatt Doser (Nr. 24).

Gries
Küferei
Jubelpriester
Schuhmacherei
Störhandwerker
Leben ohne Kühlschrank

Herkunft	Krugzell, Gemeinde Altusried, Landkreis Oberallgäu	
Erbaut	1788	
Präsentationszeit	um 1900	
Grundfläche (ca.)	16,00 m x 13,10 m	= 210 m^2
Museale Nutzung	seit 1973	
Einrichtung	Mobiliar und Gebrauchsgegenstände, Schuhmacherei, Küferei	
Ausstellungen	Vorratshaltung auf dem Land	

Der Grieshof verdankt seine Erbauung der Iller, die bis über die Mitte des 19. Jahrhunderts hinaus ein wilder, unberechenbarer Gebirgsfluss war, der mit jedem Hochwasser seinen Verlauf änderte. Die kiesigen Talauen bzw. das Kiesgeröll werden Gries genannt. Der ehemalige Standort des Hofes im Illergries gab ihm also den Namen. Die Bändigung der Iller durch einschneidende Flussbaumaßnahmen begann übrigens bereits im 19. Jahrhundert.

Matthäus Scheffler, der Erbauer des Grieshofes, war Gastwirt und Landwirt in der Ortschaft Lauben. Die Bewirtschaftung sei-

◁ *Die »Sterntüre« auf der westlichen Giebelseite*

Der Grieshof an seinem alten Standort - der Wirtschaftsteil ist bereits erneuert und erheblich vergrößert

ner Felder war schwierig geworden, weil sie durch eine Verlaufsänderung der Iller vom Hof abgeschnitten worden waren. Brücken – ihre Benutzung kostete etwas – waren nur weiter entfernt in Kempten und Schwarzenbach vorhanden. Und so mussten Ackergeräte und Heuwagen mit dem Floß übergesetzt werden. Matthäus Scheffler, aus dessen Ehe übrigens 15 Kinder, von denen fünf Buben und vier Mädchen bereits bei der Geburt starben, hervorgingen, baute 1788 für seinen ältesten Sohn Johannes Joseph einen neuen Bauernhof inmitten der Felder im Gries, unseren Grieshof.

Das Gebäude ist im Erdgeschoss ein Massivbau, im Obergeschoss ein Fachwerkbau. Das Dach ist ein flachgeneigtes ➡ **Pfettendach**, das mit aufgenagelten Schindeln gedeckt ist. Zum Zeitpunkt der

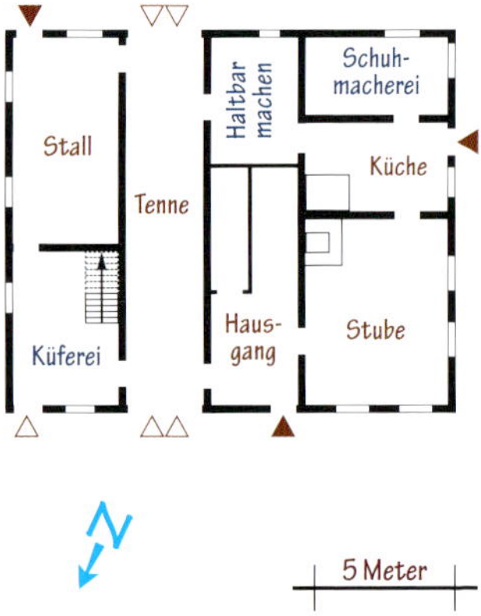

Grundriss Erdgeschoss

Übernahme des Hofes durch das Museum war dieser nicht mehr vollständig. Der alte Wirtschaftsteil fehlte völlig, weil er bereits durch einen Neubau ersetzt worden war. Beim Wiederaufbau fügte man den Wirtschaftsteil unter Verwendung von Bauteilen aus anderen Gebäuden hinzu, es wurden zwei Handwerksstätten, die nicht im Hof waren, eingerichtet, und im Obergeschoss fand eine Wohnung für Museumsbedienstete ihren Platz. Am ursprünglichen Standort zeigte der schmucke Giebel nicht nach Westen, sondern nach Süden.

Die Aufschriften an der Fassade sowie die Fresken sind allerdings Originale. Die Heiligenbilder im Giebel verweisen ikonografisch auf den Erbauer und die Besitzer. Direkt unter der Giebelspitze ist zwischen dem Erbauernamen »Matheus Scheffler« Christus am Kreuz dargestellt, und weiter unten sind für Joseph und Maria Margaretha Schäffler der *Nährvater Jesu* mit Nimbus und weißer Lilie sowie Maria als *mater dolorosa* dargestellt. Weitere religiöse Motive, aufgemalte Tauben an Einfluglöchern und Sinnsprüche schmücken das Bauernhaus auf vielfältige Weise. So ist etwa zu lesen:

Will ein Freind ins Haus eintreten der kommt nie zu früh
Andre so sind ungebeten finden d Haustür zu

Beim Aufbau des fehlenden Wirtschaftsteiles griff man auf andere ältere Bauteile zurück. Besonders deutlich zeigt sich dies an der Umrahmung des Tennentores, welche aus Engerazhofen bei Leutkirch kommt. Die Inschrift lautet:

Joseph Andon weis, Zimer Maister zu herlazhofen den 8ten junius 1819.

In der Mitte ist noch zu lesen, dass in diesem Jahr der Pfarrer 84 Jahre alt wurde:

Im 84den LebensJahr des herrn Johan. Bapist [Kneys] *K.W.C.B.R.I. im 61. Jhr seines pristeramtes und 59ten hiesigen pfr. Amtes es Lebe der alte Jubelpriester.*

Im Grieshof selbst entsprechen die eingerichtete Stube und die Küche mit der offenen Feuerstelle und dem Schlot am ehesten den ursprünglichen Verhältnissen im Haus. Ansonsten wurde das

In der Stube des Grieshofes

Gebäude genutzt, um Raum für verschiedene Präsentationen zu haben. Hinter der Küche befindet sich eine kleine Ausstellung zur Vorratshaltung und Konservierung von Lebensmitteln auf dem Land, als es weder Kühl- und Gefrierschränke, noch die Möglichkeit von Gemüseimporten aus der ganzen Welt gab. Neben der Küche sehen Sie eine Schuhmacherei, und von der Tenne aus können Sie in eine Küferei blicken.

Schuhmacher gehörten ehemals zu den größten Handwerkergruppen und waren auch auf dem Land in großer Zahl vertreten. Das Schuhmacherhandwerk wurde oft »auf der Stör« ausgeübt, d. h. der Schuhmacher zog von Kunde zu Kunde und arbeitete dort. Störhandwerker gehörten in der Regel keiner Zunft an und waren unter ihren zünftischen Kollegen nicht gern gesehen, weil sie die Preise verdarben, das zünftische Handwerk störten.

In der Schuhmacherwerkstatt fällt das Podest auf, auf dem sich der Arbeitsplatz befindet. Diese Einrichtung hat den Zweck, den Arbeitsplatz wegen der besseren Lichtverhältnisse näher an die Fensteröffnung zu bringen. Die über dem Arbeitstisch hängenden Glaskugeln (Schuhmacherkugeln) dienen der Beleuchtung des

In einer Schuhmacherei in Kimratshofen, um 1930

Arbeitsstückes: Mit Wasser gefüllt bündeln sie das von einer Lampe kommende Licht auf der gegenüberliegenden Seite, so dass der Schuhmacher trotz einer schwachen Lichtquelle in einem bestimmten Abstand von der Schuhmacherkugel einen hellen Lichtfleck auf seinem Werkstück erhält.

Die Berufsbezeichnung Küfer meint eigentlich den Handwerker, dem auch die Pflege des Weins im Keller oblag. Der Handwerker, der nur (runde) Gefäße für feste Waren und Flüssigkeiten aller Art herstellte, nannte sich im Süddeutschen Faßbinder, Binder, Büttner, Schäffler oder Kübler, im Norddeutschen Böttcher. Im Schwäbischen ist die umfassende Berufsbezeichnung Küfer allgemein üblich. Zur Produktpalette eines Küfers gehörten Fässer und Kübel aller Art, selbst Güllefässer für Wagen fertigte er an.

In der Tenne und im Stall des Grieshofes finden sich viele Gerätschaften, die man für die bäuerliche Arbeit benötigte.

Zur Geschichte des Grieshofes und seiner Bewohner ist eine kleine Broschüre erschienen, die Sie an der Museumskasse erwerben können.

Brot
Blockbau
Blähmühle
gestricktes Haus

Kornspeicher Volkratshofen

Herkunft	Volkratshofen, Stadt Memmingen
Erbaut	1686
Präsentationszeit	um 1686
Grundfläche (ca.)	7,40 m x 9,00 m = 67 m²
Museale Nutzung	seit 1974
Einrichtung	Ursprüngliche Einbauten und Gerätschaften des 19. Jahrhunderts
Ausstellung	Vom Korn zum Brot

Der Kornspeicher war Teil eines größeren Hofes. Auf dem Türbalken ist die Jahreszahl der Erbauung mit 1686 angegeben.

Kornspeicher dienten zur Aufbewahrung des ausgedroschenen Getreides, bis es zur Mühle gebracht werden konnte. Die Körner lagerten hier trocken und waren vor Feuchte und Verderben durch Schimmel und Pilze geschützt. Auf den meisten Höfen, und vor allem in jüngerer Zeit, befand sich das Getreidelager im

◁ *Eckverbindung beim Blockbau des Kornspeichers. Das Haus ist »gestrickt«, sagt man dazu im Allgäu.*

Dachboden des Bauernhauses. Man hat Kornspeicher auch aus der Sorge um den Verlust der Ernteerträge durch Feuer errichtet: Wenn schon der Hof niederbrannte, sollte wenigstens das Getreide im gesondert stehenden Kornkasten verschont bleiben.

Die Giebel sind im Obergeschoss als Fachwerk ausgeführt, das Erdgeschoss ist ein ➡ **Blockbau**. Bei dieser Bauweise werden die Wände durch aufeinanderliegende Balken in Wandstärke gebildet. An den Eckpunkten sind diese Hölzer verzahnt, wobei es hierbei unterschiedliche Techniken gibt. Es ist leicht zu sehen, dass bei diesem Konstruktionsprinzip der Einbau von Fenstern und Türen weit schwieriger als beim Ständerbau ist, wo die Wandöffnungen sozusagen von alleine entstehen. Allzu viele große Wandöffnungen im Blockwerk führen zu Stabilitätsproblemen.

Das steile ➡ **Sparrendach** ist »weich« mit Reet gedeckt. Das entspricht nicht der Gepflogenheit in Schwaben, denn hier verwendete man Stroh. Aber bei der Wiedererrichtung des Kornspeichers stand kein geeignetes Material zur Verfügung. Die Dachdeckung mit Stroh war im mittleren und nördlichen Schwaben bis ins 19. Jahrhundert weit verbreitet.

Beim Bau von Kornkästen achtete man sehr auf gute Durchlüftung. So bestehen die Fenster jeweils aus einem Gitter aus Holzleisten, damit Luft durchstreichen

Getreidemaß, das zum Messen »gestrichen voll« sein musste.

Obergeschoss

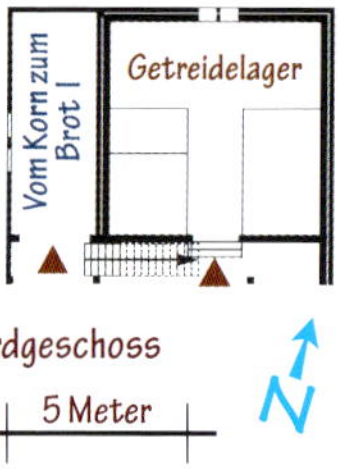

Erdgeschoss

Die Räume mit den kleinen Ausstellungen waren ursprünglich Remise (im EG) bzw. Abstellraum (im OG).

Abteile für verschiedene Getreidesorten im Kornspeicher, an den Wänden Getreidesäcke mit den Namen der Besitzer

kann, Vögel aber am Eindringen gehindert werden. In der Regel stehen die Kornspeicher auf Einzelfundamenten, so dass der Boden unterlüftet ist und das gelagerte Korn nicht schimmelt oder fault.

Das Innere des Kornkastens ist unterteilt in mehrere Abteile zur Lagerung der verschiedenen Getreidesorten. Waagen, Kornmaße, Sackkarren und Säcke mit den aufgedruckten Namen der ehemaligen Besitzer sowie eine »Blähmühle« (Windfege) zur Kornreinigung ergänzen die Ausstattung.

In der kleinen Remise im Erdgeschoss sowie im Obergeschoss sind kleine Ausstellungen untergebracht, die auf die Geschichte der Brotherstellung eingehen.

Frühstückstisch früher - heute in der kleinen Ausstellung zum Thema Brot

Buabaspitzle
versoffene Jungfern

Herkunft	Illerbeuren, ursprünglicher Standort
Erbaut	1702
Präsentationszeit	um 1920
Grundfläche (ca.)	Haupthaus 24,80 m x 18,00 m Wiederkehr 11,10 m x 9,30 m = 550 m²
Museale Nutzung	seit 1976
Einrichtung	Museumsgasthaus und Veranstaltungsräume

Der Gromerhof war ehemals der größte Bauernhof in Illerbeuren. Der dazugehörende Grundbesitz betrug 59 Jauchert. Das entsprach in Illerbeuren etwa einer Fläche von 30 Hektar. Der Name bezieht sich auf den letzten Hofbesitzer Gromer; der ursprüngliche Hofname lautete »beim Bauer«. Dies sollte sagen, dass der Hof ein sehr großer Hof war.

Der Gromerhof wurde nach seinem Erwerb durch das Museum im Jahr 1970 zum Museumsgasthaus umgebaut, weil

◁ *Prächtige Begleiter in den Gefachen des Gromerhofes*

Gromerhof - Museumsgasthaus

Die »Apostelstube« des Gromerhofes ist ausgekleidet mit Tafelbildern der Apostel. Die Bilder wurden aus einem Bauernhof in Illerbeuren geborgen, wo sie im Fehlboden versteckt lagen. Bartholomäus weist mit dem Messer auf sein Martyrium hin: Man habe ihm die Haut abgezogen, berichtet die Legende.

sich gezeigt hatte, dass eine gute Einkehr dem Museumsbesuch einen gelungenen Abschluss gibt. Im Jahr 1991 wurde die bis dahin ungenutzte, mehr als baufällige westliche Hälfte mit der ➡ **Wiederkehr** erneuert, um weitere Gast- und Veranstaltungsräume zu gewinnen. Durch die vielen Umbauten verlor das Museum einen großartigen Bauernhof, aber die Anforderungen der Zeit führten eben zu dieser Lösung. Es zeigt sich auch hier, dass sich das Museum Schritt für Schritt mit vielen Unwägbarkeiten entwickelte und nicht auf dem Reißbrett entstand.

Der Gromerhof ist in seinen erhaltenen Teilen ein Fachwerkbau. Das Dach ist als ➡ **Sparrendach** mit liegendem Stuhl ausgeführt. Das Fachwerk wurde während des Umbaus zur Gastwirtschaft freigelegt und ergänzt. Die Motive der Bemalung sind einem Hof aus der näheren Umgebung entlehnt.

Im alten, östlichen Teil des Hauses ist noch seine ursprüngliche Raumteilung zu erkennen. Die Tenne verläuft nach wie vor durch das Haus. Der ursprünglich danebenliegende Hausgang wurde den Gasträumen zugeschlagen. Der große Gastraum im Südosten war die Stube, darauf folgte nach Norden die Küche und ein Lagerraum.

Das heutige Museumsgasthaus Gromerhof bietet ein reichhaltiges Angebot von Speisen und Getränken, darunter viele schwäbische Spezialitäten, wie etwa Buabaspitzle oder versoffene Jungfern Es hat vom Museum unabhängige Öffnungszeiten.

Gromerhof Stadel

Herkunft	Illerbeuren, ursprünglicher Standort		
Erbaut	1926		
Grundfläche (ca.)	15,10 m x 10,20 m	=	154 m^2
Museale Nutzung	seit 1976		
	nicht zugänglich		

Der erst 1926 erbaute Stadel war Teil des Gromerhofes (Nr. 8a). Als das Museum den Gromerhof mitsamt diesem Stadel erwarb, wurde in ihn die Museumskasse eingebaut. Mit der Renovierung und dem Umbau des Gromerhofes wurde der Museumseingang verlegt und ein größerer Empfangsraum geschaffen. Der Stadel dient seitdem als Lagerraum.

Das Gebäude besteht teilweise aus Mauerwerk, andernteils ist es ein verschalter Fachwerkbau. Das Dach ist als ➡ **Pfettendach** ausgebildet.

Ursprünglich war der Stadel Remise, Lagerraum und vor allem Stall für die Schweine. Etwa aus derselben Erbauungszeit stammt der Schweinestall aus Lauben (Nr. 29) in der Baugruppe Mittelschwaben. Die umfangreichere Schweinehaltung erforderte eben auch neue Gebäude.

Weil sie so Süßes schafft,
muß sie so bitter stechen.

Das Bienenhaus am Uttenhof ist eine Neuanfertigung aus dem Jahr 1976. Die Bienenkörbe aus Stroh sind Originale. Das Bienenhäuschen wurde 1976 von Benno Krell, dem damaligen Zimmermann des Museums, gebaut. Krell war ein passionierter Imker, der gerne ein Bienenhaus im Museum haben wollte.

Honig hatte bis ins 20. Jahrhundert hinein nicht nur Bedeutung als Brotaufstrich, sondern war - ähnlich wie heute der Zucker - ein wichtiges Süßungsmittel. Auch bei der Haltbarmachung von Lebensmitteln fand er Verwendung.

Die Strohbienenkörbe sind aus geflochtenen und miteinander vernähten Strohringen aufgebaut. Um den Honig zu entnehmen, schnitt man die oberen Ringe mit einem dünnen Draht ab, denn der Honig befindet sich im oberen Teil des Korbes, die Brut im unteren. Die Waben wurden aus den Strohringen herausgeschnitten und in einer großen Schüssel langsam auf dem Herd erwärmt. Bald verflüssigen sich Wachs und Honig, wobei das leichtere Wachs auf dem schwereren Honig schwimmt und abgeschöpft werden kann.

◁ *Bienenkorb aus Stroh*

Laden
Hucklerei
Dreifuß
Pfannenholz

Woringer Häusle

Herkunft	Woringen, Landkreis Unterallgäu
Erbaut	1823
Präsentationszeit	Ende 19. Jahrhundert
Grundfläche (ca.)	10,00 m x 3,50 m = 35 m²
Museale Nutzung	seit 1977
Einrichtung	Mobiliar und Gerätschaften der Zeit

Das Woringer Häusle gehörte zu einem Bauernhof in Woringen. Es war das ➡ **Austragshaus**, in dem die alten Bauersleute wohnten, nachdem sie den Hof an die Nachfolger übergeben hatten.

Die Bewohner betrieben noch im Alter eine Hucke oder Hucklerei. In Süddeutschland sind diese Begriffe kaum noch in Gebrauch. Die heute eher noch verwendete norddeutsche Bezeichnung »Höker« erschließt die Bedeutung dieser Bezeichnung. Der Huckler war ein Kleinhändler, der nicht nur ein Ladengeschäft betrieb, sondern auch auf die Höfe zog und seine

◁ *Südwand, unter dem Fenster im Erdgeschoss*

Benno Krell (Zimmermann), Hermann Zeller und der Bautrupp beim Wiederaufbau des Woringer Häusles, 1976.

Kundschaft mit Waren versorgte. Deshalb spielt noch ein weiteres Wort in den Begriff, das »Huckeln« oder »Aufhuckeln«, was »auf den Rücken setzen« meint.

Das Häuschen hat bescheidene Ausmaße. Jeweils zwei Räume im Erdgeschoss und im Obergeschoss, wovon letztere nicht zu besichtigen sind. Dazu kommt im Erdgeschoss die Küche, die man durch die Haustüre betritt. Das Zimmer im Norden ist, der ehemaligen Nutzung entsprechend, als Laden eingerichtet. Einen Hausgang gibt es bei diesem winzigen Häuschen natürlich nicht. Und die ohnehin schon mehr als kleine Küche ist noch durch die Stiege ins Obergeschoss belastet.

Das Woringer Häusle ist ein als Fachwerk ausgeführter Ständerbau, der auf einem Mauerkranz aus Kieselsteinen ruht. Das Dach ist als ➡ **Sparrendach** ausgebildet und zeigt deutlich den konstruktiv bedingten Knick in der Dachhaut.

Wie in anderen Häusern ist der Herd eine offene Feuerstelle mit Rauchabzug. Dort ist auch eines der wichtigsten Kochgeräte zum Kochen über dem offenen Feuer zu sehen, der Dreifuß. Das auf drei Beinen ruhende eiserne Gestell wird samt Topf oder Pfanne über das offene Feuer

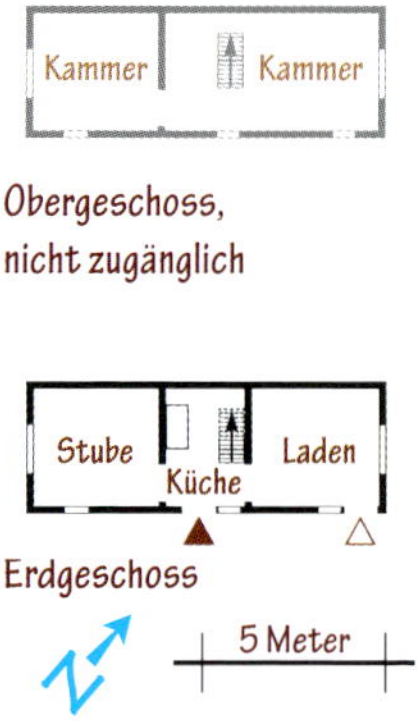

Das kleine Austragshaus ist nur 3,50 m breit.

gestellt. Da man in der Regel aus der Pfanne aß, kam diese, abgestellt auf dem Pfannenholz, auf den Tisch. Auf dem Stubentisch ist ein solches zu sehen.

In der kleinen Stube

In der Wohnstube steht ein bemerkenswerter Kinderwagen, der für zwei Kinder gebaut ist. Durch Umstellen der Lehnen können die Kinder verschiedene Sitzpositionen einnehmen: zueinander blickend, Rücken an Rücken sitzend, beide nach vorne oder auch beide nach hinten schauend. Die Eltern oder Großeltern werden das Wägelchen wohl nach der Stimmungslage zwischen den Kindern eingestellt haben.

Südlich des Häuschens befindet sich ein Kräutergarten, der mit einem Zaun aus Weidengeflecht eingefasst ist. Die mit Kieselsteinen belegten schmalen Wege säumen niedrige Buchshecken. Die Kräuter sind mit Steckschildern bezeichnet.

Rainfarn (Tanacetum vulgare L.) im Kräutergarten des Woringer Häusles

11

Dörren

Hauswurz

Herkunft	Woringer Einöde, Gemeinde Woringen, Landkreis Unterallgäu
Erbaut	Mitte 19. Jahrhundert
Präsentationszeit	um 1920
Grundfläche (ca.)	6,40 m x 3,10 m = 20 m^2
Museale Nutzung	seit 1978
Einrichtung	Einbauten und Gerätschaften der Zeit

Dieses Backhaus stammt aus der Woringer Einöde südlich von Memmingen. Es war Teil eines größeren Hofes. Im Abstand einiger Wochen buk man einen größeren Vorrat an Brot; die frischgebackenen Kuchen hielten allerdings nicht so lange vor.

Im 17. und auch noch im 18. Jahrhundert befanden sich die bäuerlichen Backöfen, wie das im Bauernhaus Meßhofen (Nr. 26a) zu sehen ist, meist im Haus. Allmählich entwickelten sie sich zu Auskragungen oder Anbauten, bis sie schließlich - nicht zuletzt durch behördliche Feuerschutzvorschriften – zu eigenständigen Gebäuden wurden. In vielen Gemeinden betrieb man

◁ *Frontseite des Backofens*

Vor einer Landbäckerei, um 1930. Das »Gäuwägele« samt Pferd zum Ausfahren der Waren wird stolz präsentiert.

gemeinschaftlich ein Backhaus im Ort, das alle Dorfbewohner nutzen konnten.

Das eigentliche Backen erfolgt durch die erhitzten Steine des gemauerten Backofens. Zuerst wird also der Ofen durch ein Feuer im Backraum aufgeheizt. Ist das Feuer niedergebrannt, wird die Glut zur Seite geräumt, der Backraum etwas gesäubert und das Brot eingeschossen. Zum richtigen Anheizen bedarf es einiger Erfahrung. Man muss die Menge Holz kennen, die später die richtige Hitze ergibt. Und der Brennvorgang ist durch die Regelung der Zuluft richtig zu steuern. Zuerst – bei größter Hitze - kommen die großen Brotlaibe in den Ofen. In einem nächsten Backgang werden Weißbrot und Zöpfe gebacken, bis schließlich in letzten Gängen und bei bereits verminderter Hitze die Blechkuchen an die Reihe kommen. Und im

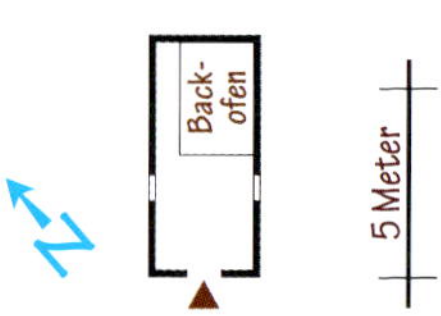

Grundriss des Backhauses

Brot backen ist eines von vielen attraktiven museumspädagogischen Angeboten des Bauernhofmuseums. Stolz wird der eigene kleine Brotlaib »eingeschossen«.

Herbst benutzte man die Restwärme des Backofens noch zum Trocknen von Obst. Man legte die Zwetschgen, Birnen oder die in Scheiben geschnittenen Äpfel auch auf Darren über den Ofen.

Auch bei der Aufbereitung kleinerer Mengen von Flachspflanzen zur Leinengewinnung nutzte man die Backhäuser. Die im Herbst auf dem Feld ausgerissenen Flachspflanzen blieben zunächst dem Wetter ausgesetzt auf dem Feld liegen, bevor man sie trocknete. Denn die Pflanzenstängel mussten spröde werden, damit die Leinenfasern herauszulösen waren.

Konstruktiv ist das Backhaus ein Fachwerkbau mit hohem Massivsockel und einem einfachen, steilen ➡ **Pfettendach**. Auf der Ostseite des Daches hat sich an einigen Stellen Hauswurz angesiedelt.

Im Rahmen museumspädagogischer Programme wird das Backhaus häufig genutzt: Viele Kinder Schwabens haben hier bereits ihr eigenes, besonders gut schmeckendes Brot gebacken.

Zwerchgiebel

Herkunft	Buxheim, Landkreis Unterallgäu
Erbaut	frühes 18. Jahrhundert
Präsentationszeit	um 1910
Grundfläche (ca.)	13,40 / 10,60 m x 6,00 m = 72 m²
Museale Nutzung	seit 1979
Einrichtung	Hafnerei mit Vorführungen und Verkauf

An seinem alten Standort war das Haus zuletzt nur noch als Unterstellgebäude genutzt worden, davor war es ein Pferdestall gewesen. Das Gebäude stand in unmittelbarer Nähe zur ehemaligen Kartause in Buxheim, welche nach der Säkularisation und der Aufhebung des bestehenden Konvents sowie der Pensionierung der Mönche bzw. deren Eingliederung in den weltlichen Klerus in den Besitz der Grafen Waldbott von Bassenheim gelangte und von 1812 bis 1926 zu deren Schloss wurde. Heute ist die Anlage Gymnasium und Museum.

◁ *Getünchte Außenwand*

Der Töpfer bei der Arbeit, hier aufgenommen an den Handwerkertagen im September.

Die Wände sind massiv gemauert, das Dach ist als ➡ **Sparrendach** mit stehendem Stuhl ausgeführt. Mit seinem einseitigen Walmdach und dem im Grundriss schrägen Giebel besitzt es eine recht eigenwillige Form. Der kleine Giebel über der Haustüre, der sogenannte Zwerchgiebel, deutet auf die frühere Dachdeckung aus Stroh hin. Durch ihn sollte im Brandfall ein Fluchtweg frei bleiben, denn das eventuell herunterrutschende, brennende Stroh wurde durch den kleinen Giebel umgelenkt und konnte nicht vor die Haustüre fallen.

Das Buxheimer Haus beherbergt heute eine Hafnerei, in der in Anlehnung an alte Stücke Töpferwaren hergestellt und verkauft werden. Diese Nutzung hat keinen Bezug zur ehemaligen Funktion des Gebäudes.

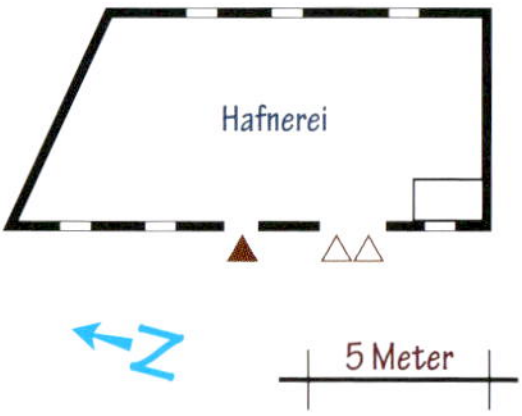

Grundriss des Buxheimer Hauses

Typische alte Hafnerware aus dem schwäbischen Raum, die in verschiedenen Häusern des Museums ausgestellt ist. In der obersten Reihe große, hohe Henkeltöpfe und ein Krug, darunter Töpfe und unten Schüsseln.

Schmied und Wagner

Klangbild eines Dorfes

Gesenkschmieden

Schmied, Schmied, Schmied,
nimm dei Hämmerle mit

Herkunft	Lobach, Gemeinde Seeg, Landkreis Ostallgäu
Erbaut	1822
Präsentationszeit	um 1920
Grundfläche (ca.)	9,40 m x 8,00 m = 75 m²
Museale Nutzung	seit 1980
Einrichtung	Einbauten, Werkzeuge und Gerätschaften der Zeit

Der Schmied war neben dem Wagner einer der wichtigsten Handwerker auf dem Land. Beide versorgten bis zum Aufkommen industrieller Waren die Landbevölkerung mit den verschiedensten Geräten und Werkzeugen. Der Schmied war für die eisernen Gegenstände vom Nagel bis zum Blatt des Spatens zuständig, der Wagner für die hölzernen Sachen vom Spatenstiel bis zum Erntewagen. Schmied und Wagner arbeiteten eng zusammen, allein schon, weil beide häufig nur Teile eines Ganzen herstellten.

◁ *Eingangstor der Schmiede*

Lobacher Schmiede

An den Handwerkertagen begeistern die Schmiede die staunenden Besucher.

Der Wagner fertigte, wie der Name schon verrät, Wagen und Fahrzeuge, aber auch vielerlei landwirtschaftliche Geräte und Kleinteile, wie etwa Werkzeugstiele. Der Schmied machte dazu die eisernen Beschläge und alle anderen eisernen Teile. Und er beschlug die Pferde mit Hufeisen. Gerade letztgenannte Tätigkeit brachte den Schmied oft mit tiermedizinischen Fragen in Kontakt, und mancher Schmied war als »Rossdoktor« gefragt.

In den Städten entwickelten sich bereits früh spezialisierte Schmiedeberufe, wie Hufschmied, Nagelschmied, Zeugschmied, Zirkelschmied, um nur die wichtigsten zu nennen. Auf dem Land fand sich diese Aufteilung der Arbeitsgebiete in der Regel nicht.

Bis in die Mitte des 20. Jahrhunderts gehörten die weithin hörbaren hellen Klänge aus der Schmiede, wenn der Hammer in Zwischentakten auf dem blanken Amboss aufschlug, zu den typischen Geräuschen, die das Klangbild eines Dorfes prägten.

Dass der Schmied und seine Arbeit einst stark im Alltag der Menschen verwurzelt war, zeigen die vielen überlieferten Sprichwörter und Redensarten:

Man soll nicht zum Schmiedle gehen, sondern zum Schmied.
Jeder ist seines Glückes Schmied.
Man soll das Eisen schmieden, so lang es warm ist.

Im Schwäbischen spotteten die Kinder:

Schmied, Schmied, Schmied, nimm dei Hämmerle mit.

Die Fortsetzung war sehr verschieden; häufig ging sie so:

Mach mir a Lid, hinte und vorne a Schnälle dra,
dass ma's auf- und zutua ka.

Die Fachwerkwände der Dorfschmiede aus Lobach ruhen auf einem Sockel aus Bruchsteinmauerwerk. Die Gefache sind bis auf die Giebelspitze mit Ziegelsteinen ausgemauert. Im Giebelspitz befindet sich zur Schließung der Wand ein verputztes Flechtwerk aus Weidenruten. Das Dach ist als ➡ **Sparrendach** ausgebildet.

Die Schmiede ist funktionsfähig eingerichtet. Arbeitsmittelpunkt einer Schmiede sind die Esse und der Amboss. Und unverzichtbar ist der Blasebalg, mit dem Luft bzw. Sauerstoff in das Feuer gepustet wird, damit dieses größere Hitze entwickelt. Im Schmiedefeuer der Esse wird das Eisen erhitzt und auf dem Amboss in die gewünschte Form geschmiedet. Damit der Schmied nach einem Arbeitsgang nicht immer wieder darauf warten muss, bis das Werkstück in der Schmiedeesse wieder die erforderliche Hitze zum Bearbeiten erreicht, hat er gerne »zwei Eisen im Feuer«. Zum Halten der Werkstücke braucht der Schmied viele verschiedene Zangen, die er nach Bedarf selbst anfertigt.

Beim Schmieden unterscheidet man das Freiformschmieden und das Gesenkschmieden. Das erste versteht sich von selbst. Beim zweiten werden Formen, sogenannte Gesenke, verwandt, welche etwa eine Rundung vorgeben, in die das Eisen geschmiedet wird.

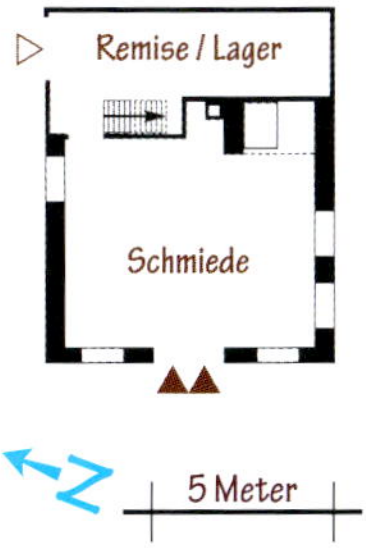

Grundriss der Schmiede aus Lobach

Grabkreuze

Hl. Leonhard

Hl. Wendelin

Wunderbarliches Gut

Nr. 14 Schwäbisches Schützenmuseum ab Seite 118!

Kapelle Hettisried

Herkunft	Neubau, angeregt durch eine Kapelle in Hettisried, Gemeinde Altusried, Landkreis Oberallgäu
Erbaut	1980
Grundfläche (ca.)	8,80 m x 5,00 m = 42 m²
Einrichtung	Mobiliar und Gegenstände aus Kapellen

Die Kapelle ist ein Neubau nach den Plänen des Museumsgründers Hermann Zeller. Den Anstoß zum Bau der Kapelle gab die beabsichtigte Transferierung der Kapelle aus Hettisried in das Bauernhofmuseum, welche sich aber zerschlug. Allein das Gestühl und die beiden Eichenbalken, die den Helm tragen, stammen von der Kapelle in Hettisried im Landkreis Oberallgäu.

Bemerkenswert sind die beiden Fresken an der südlichen Außenwand, welche von einem Hof in Dietershofen, Gemeinde Oberschönegg im Landkreis Unterallgäu abgenommen wurden.

◁ *Schattenspiel mit Grabkreuz an der Kapelle*

Sie weisen hin auf die schwarze Madonna im Schweizer Kloster Einsiedeln und das »Wunderbarliche Gut« im Kloster Heiligkreuz in Augsburg. Letzteres ist, verkürzt gesagt, ein Hostie, welche sich, in Wachs eingeschlossen, auf wunderbarliche Weise rot verfärbt hat.

Darstellung des »Wunderbarlichen Gutes« des Klosters Heiligkreuz zu Augsburg auf der Südwand: Im Zentrum unten die weiße, von Wachs umschlossene Hostie, darüber die verwandelte rote.

Das Deckengemälde zeigt den hl. Wendelin, den Patron der Hirten und Herden, der Schäfer, der Bauern und des Viehs. Er wurde angerufen gegen Viehseuchen, für gedeihliche Witterung und gute Ernte. Die St.-Leonhard-Figur auf dem Altar wurde im Jahr 2000 von dem Bildhauer Walter Konrad aus Reicholzried im Auftrag des Heimatdienstes Illertal e. V. gefertigt. Der Verein stiftete auch die Blechblumensträuße auf dem Altar. Diese Art Schmuck war früher in Kapellen, nicht zuletzt aus praktischen Überlegungen, durchaus üblich, denn die kunstvoll gefertigten Blumen verwelken nie.

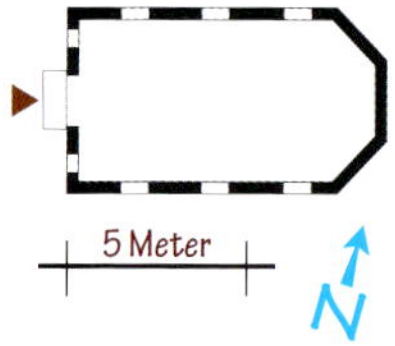

Grundriss

Auch Leonhard von Noblat (von Limoges), dem die Kapelle geweiht ist, ist Patron der Bauern und des Viehs, vor allem der Pferde, der Ställe, Stallknechte und Fuhrleute. Darüber hinaus war er Patron der Schmiede, Schlosser, Lastenträger und Küfer, Obsthändler und Bergleute, der Wöchnerinnen und Gefangenen. Er half bei allen Anliegen der Bauern, sorgte für leichte und gute Geburt und half bei Kopfschmerzen, Geistes- und Geschlechtskrankheiten. Der Gedenktag ist der 6. November, der Jahrestag seines Todes. Alljährlich findet an Leonhard bzw. dem Sonntag danach der Illerbeurener Leonhardiritt statt. Das ist eine farbenprächtige Reiter- und Wagenprozession, welche durch die Ortschaft Illerbeuren bis zur Kapelle im Museum führt. Dort werden die Tiere gesegnet.

Schwere Rösser vor der Leonhardkapelle

In der Kapelle verwahrt der Heimatdienst Illertal e.V. den »Magnusstab«, den der Verein im Jahr 2002 in Würdigung seiner Arbeit verliehen bekam. Es handelt sich dabei um die Nachbildung eines Stabes in der St.-Mang-Kirche in Füssen. Maginold (Magnus, »Mang«) gilt als Apostel des Allgäus. Er ist auf einem Schrank im Uttenhof (Nr. 4) bei der Überwindung eines Drachens dargestellt.

Um die Kapelle herum sind etwa 50 Grabkreuze aufgestellt. Die schmiedeeisernen Kunstwerke waren im ländlichen Allgäu bis ins 20. Jahrhundert der übliche Grabschmuck, bevor sie von den Grabsteinen abgelöst wurden. Das Alter der Grabkreuze datiert zwischen dem Ende des 17. Jahrhunderts bis zum Ende des 19. Jahrhunderts. Ihre Inschriften mögen heute mitunter pietätlos erscheinen, doch zu ihrer Entstehungszeit waren die saloppen Verse durchaus üblich.

Schmiedeeiserne Grabkreuze um die Leonhardkapelle

Herkunft	Neu erbaut		
Erbaut	1975		
Grundfläche (ca.)	6,00 m x 4,00 m	=	24 m^2

Seit vielen Jahren bevölkern Ziegen das Museumsgelände. Um ihnen ein Zuhause zu schaffen, erbaute man im Jahr 1975 diesen Ziegenstall. Die Ziegen des Museums grasen im Gelände, doch ab und an finden sie hier Unterschlupf.

◁ *Von der Sonne gefärbte Südwand des Geißenstalls*

Feuerspritzen

Feuerverordnungen

1. Badische Pompiercorps

Feuerwehr-Requisiten-Fabrik von Conrad Dietrich Magirus

Feuerwehrhaus Dickenreishausen

Herkunft	Dickenreishausen, Stadt Memmingen
Erbaut	Anfang 20. Jahrhundert
Präsentationszeit	um 1920
Grundfläche (ca.)	8,80 m x 5,00 m = 44 m²
Museale Nutzung	seit 1983
Einrichtung	Feuerwehrgerätschaften

Bis ins 20. Jahrhundert waren die Wärme im Haus, die Hitze fürs Kochen, ja sogar das Licht am Abend mit offenem Feuer verbunden. Daher war die Feuergefahr früher ungleich höher als heute. Zudem begünstigte die frühere Bauweise die schnelle Ausbreitung von Feuern: Häuser bestanden zu großen Teilen aus Holz und hatten Stroh- oder Holzdächer.

Auslöser für Brände war wie heute oft Unachtsamkeit im Alltag. Die verheerendsten Brände aber entstanden durch kriegeri-

◁ *Tor mit schwerem Beschlagband*

Feuerwehrhaus Dickenreishausen

Blick in das Feuerwehrhaus: im Vordergrund die Spritze aus Kardorf aus dem Jahr 1896

sche Handlungen. Vor allem im Dreißigjährigen Krieg wurden unzählige Orte in Schutt und Asche gelegt.

Schon sehr früh - in Augsburg bereits 1276 - wurden in den Städten Feuerverordnungen erlassen und der Löschdienst geregelt. Im 17. und 18. Jahrhundert hatten Feuerverordnungen baupolizeilichen Charakter: Stroh- und Schindeldächer wurden verboten und Ziegeldächer angeordnet, Feuergassen entstanden und Schornsteinfeger und Feuerbeschauer kontrollierten die Häuser. Der (private) Besitz von Löscheimern war bis ins 19. Jahrhundert häufige Vorschrift.

In Karslruhe-Durlach wurde 1846 das »1. Badische Pompiercorps« gegründet, das ein Jahr später erstmals den Namen »Feuerwehr« bekam. Vorbilder waren vergleichbare Organisationen in Frankreich. In Ulm wurde 1847 eine freiwillige Feuerwehr ins Leben gerufen. Den Kern der Feuerwehrmannschaften bildeten häufig Turnvereine. Auf dem Land begann die Gründungswelle der Freiwilligen Feuerwehren um 1870.

Seit der Mitte des 19. Jahrhunderts verbesserten sich die Löschgeräte. Spritzen und Leitern wurden optimiert, Schlauchverbindungen genormt, Rauchhelme eingeführt und Feuermeldestellen eingerichtet. Führend auf dem Markt der Gerät-

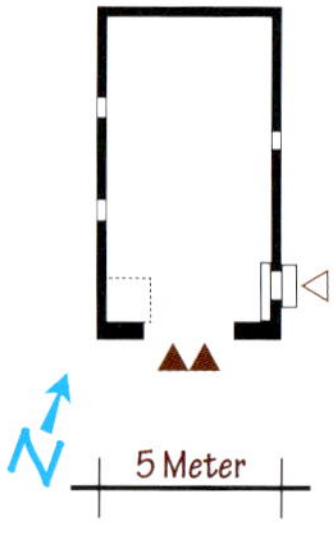

Grundriss mit Schlauchtrockenturm (⬚)

Verzweifelt versucht man Hab und Gut zu retten, 1952

schaften für die Feuerwehren - vor allem durch die Produktion eindrucksvoll großer Leitern - war zunächst die Firma J. G. Lieb in Biberach an der Riß.

Im Jahr 1866 gründete Conrad Dietrich Magirus, der 1853 Kommandant der Freiwilligen Feuerwehr in Ulm geworden war, seine »Feuerwehr-Requisiten-Fabrik«. Er konstruierte und baute unter anderem Drehleitern, die er später auf Wagen und Fahrzeuge montierte. Damit war das klassische Feuerwehrauto entstanden, dessen Bau Magirus fortan dominierte.

Mit den Feuerwehren entstanden die ersten Spritzen und auch Gebäude zum Unterstellen der Feuerwehrgeräte. Ein wichtiger Bauteil eines ländlichen Spritzenhauses ist der bodenlose Turm, in dem die nassen, textilen Feuerwehrschläuche nach dem Einsatz oder der Übung zum Trocknen aufgehängt wurden.

Das Gebäude ist im Erdgeschoss massiv aufgemauert, im Obergeschoss in Fachwerk ausgeführt. Das Dach ist ein ➡ **Sparrendach**.

Im Gebäude stehen die wichtigsten älteren Feuerwehrgeräte: fahrbare Spritzen, Pumpen und Schlauchwagen.

Heinzen
Subsistenzwirtschaft
Grünlandwirtschaft
Selbstentzündung des Heustocks

Alte Museumswerkstatt, Ausstellung »Heinzen« 18

Herkunft	Neu erbaut		
Erbaut	1984		
Grundfläche (ca.)	10,20 m x 10,00 m	=	102 m²
Ausstellung	Heinzen		

Im Bauernhofmuseum lässt sich an vielen Stellen dessen Geschichte ablesen. Von einem Verein gegründet und bis 1982 getragen, waren die infrastrukturellen Einrichtungen sehr bescheiden. Aus der Not heraus entstand diese kleine Werkstatt, in der sich die Museumshandwerker einen Arbeitsraum schafften. Als dafür besserer Ersatz gefunden war, beließ man den einfachen Bau an der Stelle. Er ist, wie so vieles im Alten Museumsdorf, Dokument der Freilichtmuseumsentwicklung. Heute ist die eine Gebäudehälfte Lagerraum für Sachen, die bei Veranstaltungen gebraucht werden, die andere Hälfte beherbergt eine kleine Ausstellung über die »Heinzen«, die einst wichtigsten Helfer in der Allgäuer Landwirtschaft.

Bis ins 19. Jahrhundert betrieben die Allgäuer Bauern ihre Landwirtschaft auf die damals allgemein übliche Weise. Man

◁ *Heu*

Das Gras wird auf die Heinzen gebracht - alle müssen anpacken. Oberhub bei Sulzberg, 1936

baute all das an, was man für sich und für die Tiere brauchte. Es war im Wesentlichen Subsistenzwirtschaft. Pekuniäre Einnahmequellen waren der bescheidene Flachsanbau und der Verkauf von Schlachtvieh. Das Aufkommen der Baumwolle im 19. Jahrhundert verschlechterte die Erwerbslage enorm. Notgedrungen suchten die Bauern nach Lösungen und setzten schließlich auf die Grünlandwirtschaft, die Milch- und Käseproduktion.

Die ganze Landschaft veränderte sich, weil die Äcker verschwanden, und auch die Höfe veränderten ihr Gesicht, weil man größere Ställe für das Vieh und Bergeraum für das Heu als Winterfutter brauchte.

Aber alles wäre ohne den Heinzen nicht möglich gewesen. Denn das zur Winterfütterung notwendige Heu wurde in den Monaten Juni und Juli gewonnen. Aber das ist im Allgäu die niederschlagsreichste und regenhäufigste Zeit. Wie sollte da das Gras zu Heu getrocknet werden, wenn es an über 20 Tagen im Monat regnet?

Das kleine Holzgestell, der Heinzen, brachte die entscheidende Lösung. Man hängte das frisch gemähte Gras an den Pfahl mit den drei waagrechten Sprossen. So durchnässte der Regen nicht das ganze Heu, und auch der nächtliche Tau drang nicht tief ein.

So sah es bis vor 60 Jahren im Sommer im Allgäu aus: Heinzen über Heinzen, so weit das Auge reichte. Aufnahme von Erika Groth-Schmachtenberger (1906 - 1992)

Selbst lange Trocknungsfristen führten nicht zur Schimmelbildung.

Seit der Mitte des 20. Jahrhunderts verschwanden die Heinzen aus der Landwirtschaft. Durch die sich verbreitende Grasaufbereitung zu Silage muss das Gras nur mehr angetrocknet werden, und die großen Belüftungsanlagen in den Heustöcken konnten geringe Restfeuchten beheben. Ohne die Belüftungsanlagen entzündete sich unvollständig getrocknetes Heu selbst. Nicht wenige Höfe fielen durch solche, vom Heustock ausgehende Feuer, in Schutt und Asche.

Etwa ein Jahrhundert lang war die Allgäuer Landschaft im Sommer geprägt von den unzähligen Heinzen auf den Wiesen. Heute ist dieser wichtige Helfer aus der Allgäuer Landwirtschaft verschwunden. Nur im Museum und mitunter um einen Bauernhof sind noch ein paar Heinzen als Reminiszenz an die alte Zeit zu sehen. Die mit der »Heinzenwirtschaft« verbundene Mühe und Plage, wenn auf einem Hof im Sommer etwa 5.000 Heinzen einzuschlagen, zu behängen, abzuschlagen, im Hof aufzustapeln und im Winter zu reparieren waren, ist Vergangenheit geworden.

Ätna

Hl. Agatha

Zeit(t)räume

Sonderausstellungen

Herkunft	Illerbeuren, ursprünglicher Standort
Erbaut	1774
Präsentationszeit	um 1920
Grundfläche (ca.)	33,75 m x 20,50 / 13,90 m = 602 m²
Museale Nutzung	seit 1983
Ausstellungen	Wechselnde Sonderausstellungen und mehrjährige thematische Präsentationen

Der Neubauerhof ist eines der Gebäude des Museums, die an ihrem ursprünglichen Standort stehen. Zum Hauptgebäude gehören das nördlich von ihm stehende ➡ **Austragshaus** (Nr. 19b) und der Stadel (Nr. 19c).

Besonders auffällig sind die drei Fresken an der Südfassade, die durch Restaurierungen aus vormusealer Zeit etwas gelitten haben. Über der Haustüre ist der hl. Sebastian, durchbohrt von Pfeilen,

◁ *Der hl. Sebastian als Fresko über der Haustüre. Neben ihm sind in weiteren Medaillons die Schmerzhafte Muttergottes der Wallfahrtskirche im benachbarten Maria Steinbach und die hl. Agatha zu sehen.*

19 a Neubauerhof

Zwei bis drei Sonderausstellungen pro Jahr ergänzen das Museumsprogramm.

dargestellt - nach der Legende erholt sich Sebastian von diesen Verletzungen, wird aber schließlich erschlagen. Sebastian ist Patron der Schützenbruderschaften und Schützen. Neben ihm ist die Schmerzhafte Muttergottes aus der Wallfahrtskirche Maria Steinbach zu sehen, und ganz links erkennt man die hl. Agatha, die ein schweres Martyrium ertrug. In ihrer Rechten trägt sie ihre gemarterten und schließlich abgeschnittenen Brüste. Eine sich aus ihrem Grab erhebende Tafel soll im Jahr 252 den Lavastrom des Ätna, der Catania auf Sizilien bedrohte, umgelenkt haben. Agatha gilt als Beschützerin in Feuersgefahr, ihr geweihte Kerzen sollen vor Brandunglück bewahren.

Der Neubauerhof wurde 1983 nach Sanierung und Umbau in das Museum integriert. Allerdings ist er nicht mehr als Bauernhof zu besichtigen. Denn aus dem ehemaligen Wohnteil wurden Büros, im ehemaligen Wirtschaftsteil entstanden zwei große Ausstellungsräume, und nicht zuletzt fand dort die Museumspädagogik eine Bleibe. Viele Schüler haben hier das Museum auf spannende Weise kennen gelernt.

Derzeit ist im Erdgeschoss unter dem Titel »Zeit(t)räume« eine kulturgeschichtliche Ausstellung über das Landleben und die Zeitgeschichte vom Ende des 19. Jahrhunderts bis in die 50er Jahre des 20. Jahrhunderts zu sehen. In sechs kleinen Kabinetten,

In der Ausstellung Zeit(t)räume: Die kleine, mit Stroh beklebte Schatulle ist das Geschenk russischer Kriegsgefangener an eine Bäuerin, die ihnen eine bessere Nahrungsversorgung durch Betteln im Ort ermöglichte.

die einzelnen Zeiträumen gelten, werden Stimmungen, Dorfleben und Geschichte in Beziehung gesetzt.

Im Obergeschoss zeigt das Bauernhofmuseum jedes Jahr zwei bis drei Sonderausstellungen kulturgeschichtlichen Inhalts.

Das Bauwerk ist massiv aus Ziegelsteinen gemauert, das Dach ist ein ➧ **Sparrendach** mit liegendem Stuhl. Der Wohnteil liegt, wie beim nebenstehenden Nattererhof (Nr. 20), im Westen. Üblicherweise liegt er, wie bei der St.-Ulrich-Sölde (Nr. 1) oder der Sölde Honsolgen (Nr. 25), auf der wettergeschützten Ostseite. Aber hier wollte man offenbar näher an der Straße wohnen.

Die Südwestseite des Hauses wird eingerahmt vom zugehörigen Bauerngarten.

Zeit(t)räume: Vitrine Erster Weltkrieg

19
b

Nicht zugänglich

Neubauerhof Austragshaus

19 b

Herkunft	Illerbeuren, ursprünglicher Standort		
Erbaut	1922		
Grundfläche (ca.)	9,90 m x 8,00 m	=	79 m²
Museale Nutzung	seit 1983		
	nicht zugänglich		

Dieses schmucke ➡ **Austragshaus** ist Teil des Neubauerhofes (Nr. 19a). Eigenständige Austragshäuser verbreiteten sich erst seit der zweiten Hälfte des 19. Jahrhunderts. Vorher lebten die Eltern der Bauersleute in ihnen fest zugeschriebenen Räumen im Haupthaus.

Der Garten des Austragshauses wird geschützt von einem filigranen Eisenzaun, wie er zur Erbauungszeit des Hauses Mode war. Solche Zäune waren Anfertigungen der Stahlindustrie, die sich seit der zweiten Hälfte des 19. Jahrhunderts rasch verbreiteten.

Im Austragshaus sind Arbeitsräume des Museums untergebracht. Es ist nicht zugänglich.

◁ *Südfassade mit Fensterbank aus »Kunststein«*

Nicht zugänglich

Neubauerhof Stadel

Herkunft	Illerbeuren, ursprünglicher Standort		
Erbaut	Mitte 20. Jahrhundert		
Grundfläche (ca.)	15,10 m x 11,20 m	=	169 m²
Museale Nutzung	seit 1983		
	nicht zugänglich		

Der Stadel des Neubauerhofes wurde erst in der Mitte des 20. Jahrhunderts als Stall und Futterlager (Silagesilos) erbaut.

Heute sind in dem Stadel Arbeitsräume untergebracht. Dazu gehört auch ein weitgehend gasdichter Raum, in dem neu ins Museum kommende Objekte gegen Schädlingsbefall behandelt werden. In der Regel wird Stickstoff aus der Luft eingebracht, bis kein Sauerstoff mehr vorhanden ist. Nach sechs Wochen ist die Behandlung abgeschlossen.

Das Gebäude ist ein verschalter Fachwerkbau, das Dach ein ➡ **Pfettendach**. Die großen Fenster sind im Rahmen des Umbaus entstanden.

◁ *Außenputz mit Beschädigungen durch mechanische Einwirkung*

Silage

Brandmauer

Wirtschaftswunderzeit

Primus

Hütekinder

Flüchtlingszimmer

Schwedische Küche

Herkunft	Illerbeuren, ursprünglicher Standort		
Erbaut	1780		
Präsentationszeit	1950 bis 1970		
Grundfläche (ca.)	Urhof 29,00 m x 13,00 m	=	377 m^2
	Wiederkehr, Waschküche, Erweiterungen	=	351 m^2
	Insgesamt	=	728 m^2
Museale Nutzung	seit 1993		
Einrichtung	Mobiliar und Gegenstände der Zeit		
Ausstellungen	Informationen zur Entwicklung der bäuerlichen Wirtschaftsweise von 1950-1970		

Der Nattererhof wurde 1780 erbaut; er hat seinen Namen von der letzten Besitzerfamilie. Der Hof ist in seinem Kern ein Fachwerkbau. Es finden sich aber auch noch Reste von ➡ **Ständer-Blockbau**wänden im Wirtschaftsteil. Im Lauf der Zeit wurden die Wände nach und nach durch Ziegelmauern ersetzt. Vom alten

◁ *Außenputz mit Eckquaderung*

Nattererhof

Fachwerk ist die östliche Südwand noch in Teilen vorhanden. Die Dachkonstruktion entspricht einem ➡ **Sparrendach**, der Grundriss hat ein ➡ **Mittertennhaus** zur Grundlage.

Der Nattererhof ist nach der baulichen Zeitstellung und seiner Einrichtung das jüngste Gebäude des Museums. Und er ist der größte Hof des Museums. Allein die bebaute Grundfläche beträgt über 700 m². Das Erd- und das Obergeschoss ergeben eine Fläche von fast 1.500 m². Dazu kommen noch die Dachgeschosse - vergleichen Sie das einmal mit der Wohnfläche Ihrer Wohnung bzw. Ihres Hauses.

Die gewaltige Größe des Bauwerks ist, in der Tenne stehend, den Blick nach oben gerichtet, eindrucksvoll wahrnehmbar. Um

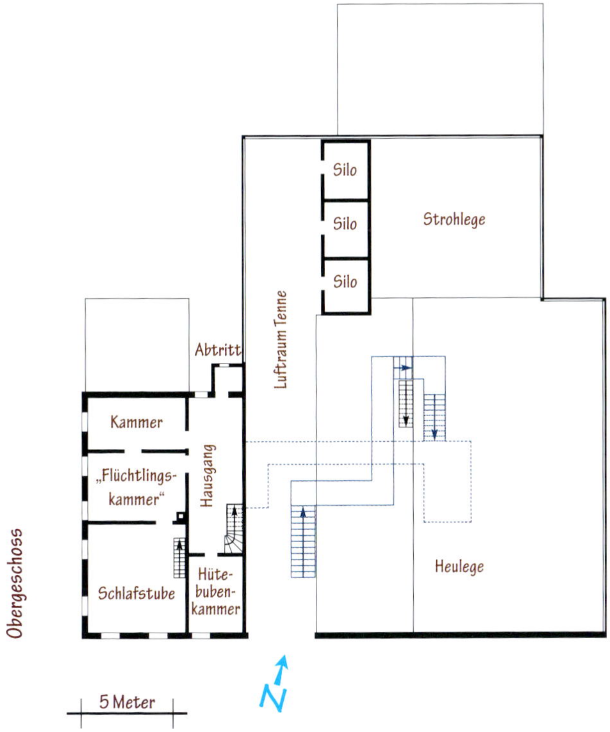

einen Rundgang durch das ganze Gebäude zu ermöglichen, sind Stege und Treppen eingebaut, die in den Grundrissen blau eingetragen sind. Die Ausmaße erhielt der Hof erst im Laufe der Zeit. Ursprünglich wurde ein ➡ **Mittertennhaus** errichtet, welches im Grundriss des Erdgeschosses gelb unterlegt ist.

Der Nattererhof steht für die beginnende Modernisierung der Landwirtschaft nach dem 2. Weltkrieg, für die Zeit des Wirtschaftswunders und auch für die Wohnsituation der Vertriebenen nach dem 2. Weltkrieg. Und nicht zuletzt wird von den Hütekindern erzählt, die – meist von ärmeren Familien der Umgebung kommend – während des Sommers auf Höfen arbeiteten und wohnten.

Die Schlafstube, die nur über den schmalen Aufgang in der Stube zu erreichen ist.

In den 60er Jahren des 20. Jahrhunderts war die »schwedische Küche« äußerst beliebt. Neben dem Holzherd steht bereits ein Elektroherd, und auch auf den Schränken unter den Fenstern kündet die Küchenmaschine vom Einzug der Moderne.

In der »Flüchtlingskammer« waren in der Nachkriegszeit Vertriebene aus dem Sudetenland untergebracht.

Baulich besonders auffällig ist die Brandmauer, welche Wohn- und Wirtschaftsteil trennt, und die mit schweren, eisernen Brandschutztüren versehen ist. Sie soll im Brandfall ein Übergreifen des Feuers vom einen auf den anderen Teil des Hofes verhindern.

Die Wohn- und Schlafräume des Hofes sind noch nicht tapeziert, sondern mit Malwalzen bemustert. Das Bauernhaus hat bereits ein Bad, in dem das Wasser im Badeofen durch Feuer erhitzt wird. Die Küche ist, nicht zuletzt durch die Farbgebung, eine sogenannte schwedische Küche, wie sie damals modern war.

Besondere Beachtung verdient das »Flüchtlingszimmer« im Obergeschoss. Nach dem Krieg wohnten im Nattererhof, wie in anderen Häusern auch, Vertriebene aus dem Osten, in der Memminger Gegend Leute aus dem Sudetenland. Das Zimmer musste einen Kaminanschluss für den Herd haben. Im Nattererhof eignete sich deshalb nur die Kammer neben der Schlafstube der Bauersleute zur Aufnahme der »Flüchtlinge«. Da die Schlafstube der einzige nur den Bauersleuten vorbehaltene Raum war – es hielten sich ja stets außerfamiliäre Leute wie Hütekinder oder Dienstboten im Hof auf –, war diese nur von der Stube aus über eine Treppe oder über das Kinderzimmer (die mittlere Kammer) zu erreichen. Der letztgenannte Zugang war nun durch die Flüchtlingskammer bzw. den dort eingestellten kleinen Herd verbaut. Man kann sich leicht vorstellen, dass dieses Wohnen Tür an Tür mit fremden Leuten nicht unproblematisch war.

Der erste Traktor auf dem Hof war der »Primus«; in der »Landtechnik Buchloe« (Nr. 23) ist ein solcher zu sehen.

Auch die Hütekinder – die Kammer für das Hütekind ist eine Abtrennung vom oberen Hausgang – hatten mitunter ein schweres Los. Bis ins 20. Jahrhundert hinein kamen sie aus Tirol den Sommer über auf die Allgäuer Höfe. Mit dem 2. Weltkrieg hörte dies auf. Dafür verrichteten bis in die 60er Jahre des 20. Jahrhunderts Buben aus ärmeren Familien der unmittelbaren Umgebung Stall- und Hütedienste bei den Bauern, Mädchen halfen im Haushalt. Die Kinder wohnten während des Sommers auf den Höfen und gingen von dort aus in die Schule, was häufig mit einem Schulwechsel verbunden war. Das Aufkommen von elektrischen Weidezäunen in den 60er Jahren des 20. Jahrhunderts führte schließlich zum völligen Aufhören des Hütekinderwesens.

Im Wirtschaftsteil des Hofes zeugen besonders die Futtersilos von der Modernisierung der Landwirtschaft. Durch die sich seit der Mitte des 20. Jahrhunderts verbreitende Silagetechnik stand ein Winterfutter zur Verfügung, dessen Gewinnung weniger vom Wetter abhängig war als die des Heus.

Der Rundgang durch den mächtigen Nattererhof führt zunächst durch den Wohnteil auf den Dachboden, um von dort über eingebaute Stege und Treppen durch den Wirtschaftsteil zu

Von der »modernen« Landwirtschaft auf dem Nattererhof künden die drei großen Silos. Die Grünfuttersilage begann das Heu als Viehfutter zu ergänzen.

geleiten. Sie erhalten durch Beschriftungen und andere Medien ausführliche Informationen zu den Funktionsabläufen des Bauernhofes und zur Geschichte der Landwirtschaft zwischen 1950 und 1970, die geprägt ist von tiefgreifenden Veränderungen durch Spezialisierung, Maschinisierung und nicht zuletzt eine Steuerung mittels umfangreicher Subventionspolitik. Die dadurch erzielte enorme Produktivitätssteigerung führte Ende der 70er Jahre zur Überproduktion und den aus den 80er Jahren bekannten »Milchseen« und »Butterbergen«.

Der Garten des Nattererhofes entspricht in seiner Gestaltung etwa den 60er Jahren des 20. Jahrhunderts. Besonders auffällig im musealen Kontext ist der in jener Zeit überaus beliebte »Jägerzaun«, der auch noch sehr hoch ist. Die Höhe des Zaunes hat seine Ursache im damals häufigen Viehtrieb auf der Straße. Der Zaun musste so hoch sein, denn bei einem niedrigeren hätte sich eine Kuh beim Übersteigungsversuch leicht verletzen können. Die genügende Höhe hielt die Kühe von solchen Versuchen von vornherein ab.

Maschinenhalle

Nattererhof Stadel 20 b

Herkunft	Illerbeuren, ursprünglicher Standort
Erbaut	1954
Präsentationszeit	1954
Grundfläche (ca.)	11,00 m x 9,50 m = 105 m²
Museale Nutzung	seit 1993
Einrichtung	Landwirtschaftliche Maschinen

Der 1954 erbaute Stadel ist Teil des Nattererhofes. Der zunehmende Maschineneinsatz erforderte auf den Höfen den Bau von Schuppen und Stadeln, um darin die modernen landwirtschaftlichen Maschinen unterzubringen.

Ein kleiner Teil des Stadels ist massiv gemauert und diente als Garage für das Auto - einen VW - bzw. den Traktor. Der erste Traktor auf dem Nattererhof war übrigens ein »Primus«, wie er in der »Landtechnik Buchloe« (Nr. 23) zu sehen ist.

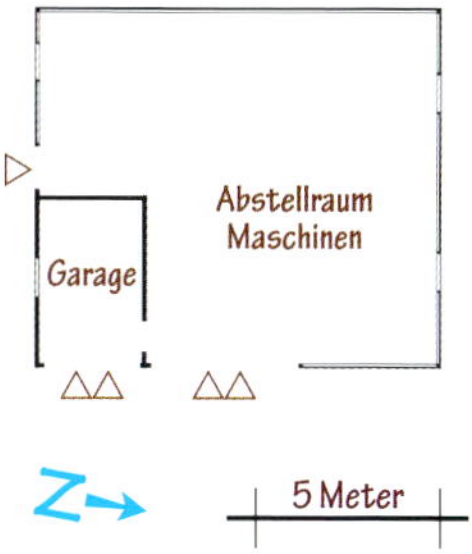

◁ *Junge Blätter eines Birnbaumes an der Südwand des Stadels*

Herkunft	Illerbeuren, ursprünglicher Standort
Erbaut	1722
Grundfläche (ca.)	16,25 m x 10,90 m = 177 m²
Museale Nutzung	seit 1982
Ausstellung	Schwäbisches Schützenmuseum Illerbeuren

Das heutige Schützenmuseum war ein Teil des Pfarrhofes in Illerbeuren. Das Hauptgebäude des Pfarrhofes nördlich der Kirche hat seine Funktion im Wesentlichen behalten, aus dem ehemaligen landwirtschaftlichen Stadel ist das Schwäbische Schützenmuseum geworden.

Anfang der 80er Jahre des 20. Jahrhunderts wurde der Stadel angemietet, um in ihm ein Museum mit dem Thema »Schützen« einzurichten. Die Idee dazu kam von Bernhard Oberst, dem langjährigen Bezirksschützenmeister Schwabens. Er war es auch, der

◁ *Ausschnitt aus einer Schützenscheibe: Darstellung der Schießstatt in Memmingen, 1785* die große Sammlung zusammentrug und das Museum aufbaute und einrichtete. 1982 wurde das Spezialmuseum eröffnet. 15 Jahre stand es unter der Trägerschaft des Bayerischen Sportschützenbundes Bezirk Schwaben, war aber eng mit dem Bauernhofmuseum verwoben. Nach dem Tod von Bernhard Oberst ging das Schützenmuseum im Jahr 1997 in die Trägerschaft des Zweckverbandes Schwäbisches Bauernhofmuseum Illerbeuren über. Gegenwärtig befindet sich das Schützenmuseum in einer Phase der Erneuerung, die eine neue und umfangreichere Präsentation im Gelände des Bauernhofmuseums zum Ziel hat. Weil im Zuge dieser Arbeiten nacheinander alle Gegenstände des Schützenmuseums zur Bearbeitung entnommen werden, ist die Präsentation zeitweise etwas lückenhaft.

Schützengesellschaften oder Schützengilden entstanden im ausgehenden Mittelalter in den aufstrebenden Städten. Wie sich dort die Zünfte als Zusammenschlüsse der Handwerker organisierten, bildeten

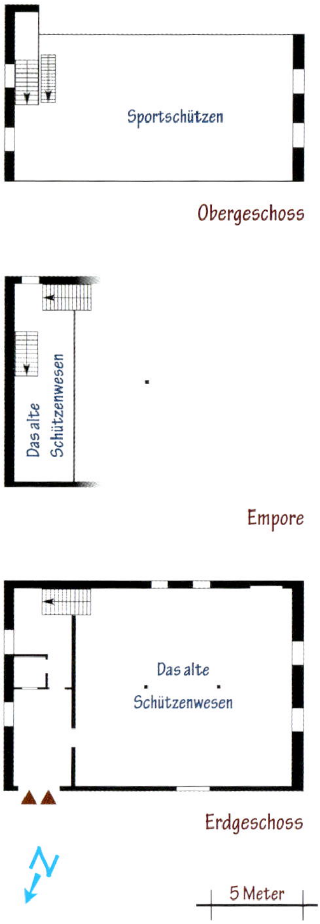

Objekte aus der älteren Schützengeschichte werden im Erdgeschoss und auf der Empore gezeigt, solche des sportlichen Schießens seit den 50er Jahren des 20. Jahrhunderts im Obergeschoss.

Viele Schützenscheiben sind wertvolle kulturgeschichtliche Dokumente. Auf dieser Scheibe wird an die Hungersnot von 1816/17 und die hohen Getreidepreise erinnert. Auf den Säcken stehen die Kornpreise während und nach der Hungersnot. Einer der Kornhändler hält einen Geldbeutel in Händen. Fast wie in einem Comic kann man die Gedanken der beiden lesen: »Wens immer so war« - »I bin gedekt« (ich habe genug verdient).

auch die Schützen zunftartige Gemeinschaften mit einem Meister als Vorsteher. Belege für frühe Schützengesellschaften finden sich in Süddeutschland etwa seit 1400. Ihre Entstehung hängt mit der Einführung der Armbrust in Mitteleuropa zusammen. Deren Handhabung war nicht einfach und erforderte ständige Übung.

Besonders eindrucksvoll traten die Schützengesellschaften im 16. Jahrhundert mit großartigen Schützenfesten ins Licht der

Zimmerstutzen aus dem Jahr 1890. Die spezielle Form des Schaftes, welche das Anlegen der Wange fördert, wird Tiroler Schäftung oder Tiroler Backe genannt.
Mit dem Zimmerstutzen konnte, wie der Name schon verrät, auch in Räumen, etwa im Nebenzimmer der Gastwirtschaft geschossen werden. Seine Verbreitung in der zweiten Hälfte des 19. Jahrhunderts machte den Schießsport populär.

Öffentlichkeit. Mit dem mittelalterlichen Ritterturnier als Vorbild präsentierten sich die aufstrebenden Bürger der Städte in großartigen Veranstaltungen. Nach Phasen geringeren Glanzes engagierten sich die Schützengesellschaften im Rahmen der Nationalstaatsbewegungen im 19. Jahrhundert in vorderster Reihe. Als sich in der zweiten Hälfte des 19. Jahrhunderts der Zimmerstutzen verbreitete, wurde der Schützensport allmählich eine Sache für die breite Bevölkerung.

Im Erdgeschoss des Schützenmuseums wird anhand zahlreicher Ausstellungsstücke auf die ältere Schützengeschichte eingegangen. Durch viele Exponate ist die technische Entwicklung der Feuerwaffen von der Luntenschlossmuskete aus der Zeit des Dreißigjährigen Krieges über Steinschloss- und Perkussionsschlossmechanik bis zu den halbautomatischen und automatischen Mehrladewaffen belegt. Dazu kommt historisches Waffenzubehör wie Pulverhörner und Kugelgießgerätschaften. Viel Raum ist natürlich den alten Schützenscheiben mit ihren kulturgeschichtlich interessanten Motiven eingeräumt, und die Fahnen und Standarten zeugen vom Stolz der Vereine. Zielstände, Tref-

Der Gewinn eines aufwendig gearbeiteten Pokals auf einem großen Schießen war für den Sieger eine hohe Auszeichnung. Links: Pokal des III. Mittelrheinischen Bundesschießens in Wiesbaden, 1867; Mitte: Jubiläumspokal, 1825; Rechts: Pokal des 17. Deutschen Bundesschießens in Frankfurt a. M. 1912.

ferfiguren und Geräte zur Trefferauswertung runden die Darstellung des eigentlichen Schießens ab. Kleine Abzeichen, prunkvolle Pokale, prächtige Medaillen und schlichte Plakate berichten von den großen Veranstaltungen und den persönlichen Teilnahmen und Auszeichnungen einzelner Schützen.

Das Obergeschoss gilt dem moderneren sportlichen Schießen seit 1950, das in der Präsentation bis zu den olympischen Spielen 1972 in München reicht. »Moderne« Sportwaffen, Dokumente und jüngere Abzeichen bestimmen hier die Schau. Zu sehen sind auch umfangreiche Sammlungen von Auszeichnungen einzelner Personen und nicht zuletzt traditionsreiche Schützenketten.

Pulverhorn, Ende 19. Jahrhundert

Nördlingen
Wörnitz
Donauwörth
Dillingen
Aichach
Neu-Ulm
Günzburg
Augsburg
Donau
Iller
Mindel
Lech
Mindelheim
Memmingen
Buchloe
Aichstetten
Illerbeuren
Kraiberg
Reicholzried
Kaufbeuren
Kempten
Marktoberdorf
Lindau
Füssen
Sonthofen

Baugruppe »Technik auf dem Land«

In der Baugruppe »Technik« soll eine Sammlung von Gebäuden gezeigt werden, deren Hauptzweck die Erfüllung technischer Vorgänge war oder die der Verbreitung von Maschinen und Geräten dienten und die im Gegensatz zu den Bauernhäusern keine ausgeprägten regionalen Merkmale aufweisen. Es sind vor allem Bauten und Einrichtungen, die seit der Industrialisierung entstanden sind.

Der Einsatz von Technik ist meist an Kraft gebunden. Zwar nutzte man schon im Mittelalter den Wind als Kraftquelle, doch größere technische Bauten waren nur an Gewässern möglich, wo Wasserräder die Maschinen antrieben. Augsburg hat nicht zuletzt dem Lech und den Kanalbauten seinen industriellen Aufschwung zu verdanken. Das Aufkommen wirkungsvoller Dampfmaschinen im 18. und ihre Verbreitung insbesondere im 19. Jahrhundert befreite die Großbetriebe von Standortvorgaben.

Die klassischen technischen Bauten auf dem Land waren die verschiedenen Mühlen und Stampfen. Auf den Bauernhöfen kamen allenfalls Göpel (Nr. 5) zum Einsatz. Fahrbare Dampfmaschinen, sogenannte Lokomobile, wurden seit dem 19. Jahrhundert auf großen Höfen beim Dreschen und auf großen Gütern auch beim Pflügen eingesetzt. Doch der Betrieb einer Lokomobile war recht umständlich und lohnte sich nur bei einem jeweils lange andauernden Einsatz. Mit den im zweiten Drittel des 20. Jahrhunderts aufkommenden Traktoren stand der Landwirtschaft eine Maschine zur Verfügung, die bis heute unverzichtbar ist. Bis über die Mitte des 20. Jahrhunderts hinaus waren die Traktoren in hohem Maße Kraftquelle: Jeder Traktor hatte eine Riemenscheibe, über die die verschiedensten Maschinen angetrieben werden konnten.

◁ *In der Baugruppe Technik: im Vordergrund die Maschinenwerkstatt Aichstetten (Nr. 24), im Hintergrund die »Landtechnik Buchloe« (Nr. 23)*

◁ *Karte von Schwaben mit dem Eintrag der Herkunft der Gebäude (●) in der Baugruppe »Technik auf dem Land«*

4 PS
Frauenwahlrecht
Doppelkolbenpumpe
Josef Schwarz, Maschinenwart
Lokal-, Bier- und Malzaufschlag

Herkunft	Reicholzried, Gemeinde Dietmannsried, Landkreis Oberallgäu
Erbaut	1904
Präsentationszeit	1904
Grundfläche (ca.)	9,75 m x 3,70 m = 36 m²
Museale Nutzung	seit 1996
Einrichtung	Originale Ausstattung

Das Gebäude war das Wasserpumphaus der ehemals selbständigen Gemeinde Reicholzried. Reicholzried liegt auf einem Bergrücken, so dass die Wasserversorgung schwierig war. Das Vieh musste zum Tränken bergab getrieben werden, und im Brandfall fehlte das Löschwasser in genügender Menge.

Bereits vor 1900 begannen in Reicholzried die Überlegungen zu einer zeitgemäßen Wasserversorgung durch Pumpen. Dabei wurde der Antrieb durch ein Windrad in Erwägung gezogen, schließlich aber verworfen, weil man dem »Windmotor« die

◁ *Motordetail*

Zuverlässigkeit absprach. Der Bau der Anlage wurde in einer Abstimmung aller volljährigen männlichen Haushaltsvorstände - erst seit 1919 gibt es in Deutschland das Wahlrecht für Frauen - beschlossen. Die Abstimmung fand in der Witzigmannschen Gastwirtschaft in Reicholzried statt. Die Wahlbeteiligung betrug 78%: zwei Drittel waren für den Bau, ein Drittel war dagegen.

Die Anlage bestand aus den Quellfassungen und dem Wasserpumphaus mit Benzinmotor, Pumpe und Druckbehälter, einem erhöht liegenden Wasserreservoir im Dorf und den entsprechenden Leitungen. Von der »Reserve« aus wurden die einzelnen Häuser versorgt. Wenn das Wasser im Reservoir zur Neige ging, wurde die Pumpe in Betrieb genommen und das Reservoir wieder gefüllt.

Der finanzielle Aufwand war enorm und zwang die Gemeinde zur Aufnahme eines Kredits. Daneben bediente man sich eines damals durchaus üblichen Mittels zur Geldbeschaffung, der Erhebung eines gemeindlichen Lokal-, Bier- und Malzaufschlags, einer Art Sondersteuer.

Die Bürger kostete der Kubikmeter Wasser sieben Pfennig Wasserzins, welcher ein paar Jahre später auf neun Pfennig pro Kubikmeter erhöht werden musste. Und wer mehr Wasser verbrauchte als ihm zugeteilt worden war, hatte für jeden mehr verbrauchten Kubikmeter 50 Pfennige zu bezahlen.

Produzent und Lieferant der technischen Aggregate war die Firma Körting in Hannover. Interessant ist, dass der Zündmechanismus (eine Abrisszündung) bereits von der Firma Bosch stammt, die auch heute noch Zündanlagen für Motoren herstellt. Die Maschinen wurden mit der Eisenbahn angeliefert.

In Folge des Ersten Weltkriegs machte sich bereits im Februar 1915 der Benzinmangel derart bemerkbar, dass ein Windrad, welches man 1904

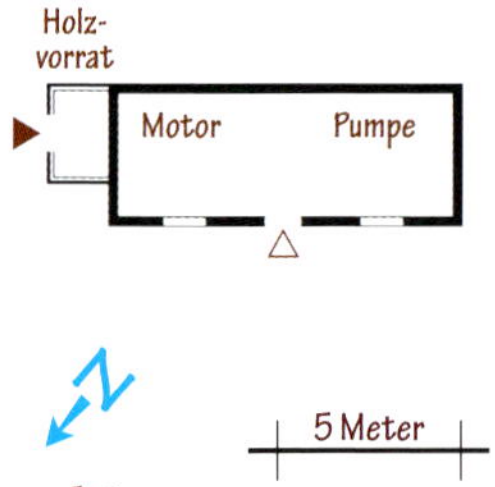

Grundriss

Josef Schwarz aus Reicholzried war der letzte Maschinenwart des Wasserpumphauses Reicholzried. Die Aufnahme aus dem Jahr 1986, als die Anlage bereits nicht mehr in Betrieb war, zeigt ihn am Motor. Im Hintergrund ist der Elektromotor zu sehen, welcher seit den 20er Jahren die Pumpe antrieb.

noch verschmäht hatte, als Ersatz für den Benzinmotor angeschafft werden musste (das neben dem Wasserpumphaus stehende Windrad ist nicht dieses). Und in den 20er Jahren des 20. Jahrhunderts stand bereits Elektrizität zur Verfügung, so dass man einen Elektromotor kaufte. Der Benzinmotor, dessen Leistung mit vier PS angegeben ist, lief also nur wenige Jahre.

Das Gebäude besteht aus Ziegelmauerwerk; das flachgeneigte Pultdach ist mit verzinktem Blech gedeckt. Der kleine Anbau dient als Brennholzlager, denn bei Frost musste eingeheizt werden, damit die wasserführenden Teile der Anlage keinen Schaden nahmen.

Das Wasserpumphaus ist eine Dauerleihgabe der Wassergenossenschaft Reicholzried.

Windmotor
Hauptfahne, Nebenfahne
Herkules Stahlwindturbine

Herkunft	Kraiberg, Gemeinde Dietmannsried, Landkreis Oberallgäu
Erbaut	um 1920
Präsentationszeit	um 1920
Höhe bis Radnabe	14 m
Windraddurchmesser	4,00 m
Museale Nutzung	seit 1996

Dieses Windrad gehörte nicht zu dem nebenstehenden Pumphaus, sondern stand in Kraiberg und versorgte dort zwei Bauernhöfe mit Wasser.

Windräder waren im ersten Drittel des 20. Jahrhunderts weit verbreitet. Mit der Elektrifizierung auf dem Land seit den 20er Jahren verschwanden sie nach und nach. Gerade zur Wasserversorgung eigneten sie sich sehr gut, denn sie pumpten das Wasser in ein größeres, hochgelegenes Reservoir, von dem aus das Wasser

◁ *Der Rost hat die filigrane Eisenkonstruktion überzogen und bildet einen Schutz gegen weitere Korrosion.*

ohne Pumpeneinsatz zu den Endverbrauchern lief. Bei entsprechender Größe des Reservoirs beeinträchtigten einige windfreie Tage die Wasserversorgung nicht.

Einer der großen Hersteller von Windturbinen oder Windmotoren, wie die Windräder genannt wurden, waren die Vereinigten Windturbinenwerke in Dresden-Niedersedlitz. Diese Firma lieferte das Windrad nach Kraiberg.

Vorbild für die Aufstellung dürfte die Situation im benachbarten Reicholzried (siehe Nr. 21) gewesen sein. Dort musste während des Ersten Weltkriegs auf Grund von Treibstoffmangel der Benzinmotor der Gemeindewasserversorgung durch ein Windrad ersetzt werden. Ein Ingenieur aus Dresden besichtigte eigens die Verhältnisse in Reicholzried und empfahl einen *Herkules-Windmotor mit Eisenturm von 20 Meter Höhe und 5½ Meter Raddurchmesser und Pumpwerk für durchschnittlich täglich 30.000 Liter Wasserleistung.* Dieses Windrad wurde aufgestellt, doch blieb es nicht erhalten. Aber die Kraiberger Bauern konnten sich in der Nachbarschaft vom Nutzen eines Windrads überzeugen, so dass ihnen die Bestellung nicht schwer gefallen sein dürfte.

Die Funktionsweise ist recht einfach. Da die kleinen Wasserpumpen durch einen auf- und abwärts gehenden Kolben arbeiten, wird die Rotation der Windmotorenwelle durch eine »Kurbel« in eine Auf- und Abwärtsbewegung der langen Antriebsstange umgewandelt.

Besondere Beachtung verdient das Verhalten des Windrades bei Sturm oder grundsätzlich bei sich verändernden Windstärken, denn es besitzt eine Selbstregulierung, die durch die beiden Windfahnen erfolgt. Bei schwachem Wind steht die große »Hauptfahne« rechtwinklig zum Windrad und die kleinere »Nebenfahne« parallel zum Windrad. Bei starkem Wind oder gar einem Sturm drückt die Seitenfahne - durch eine große Stahlfeder in der Wirkung angepasst - die Hauptfahne zur Seite und dadurch das Windrad aus dem Wind. Der Grad dieser Funktion kann durch eine zum Boden reichende Kette justiert werden. Diese Kette ist aus verständlichen Gründen im Museum entfernt. Und das Wind-

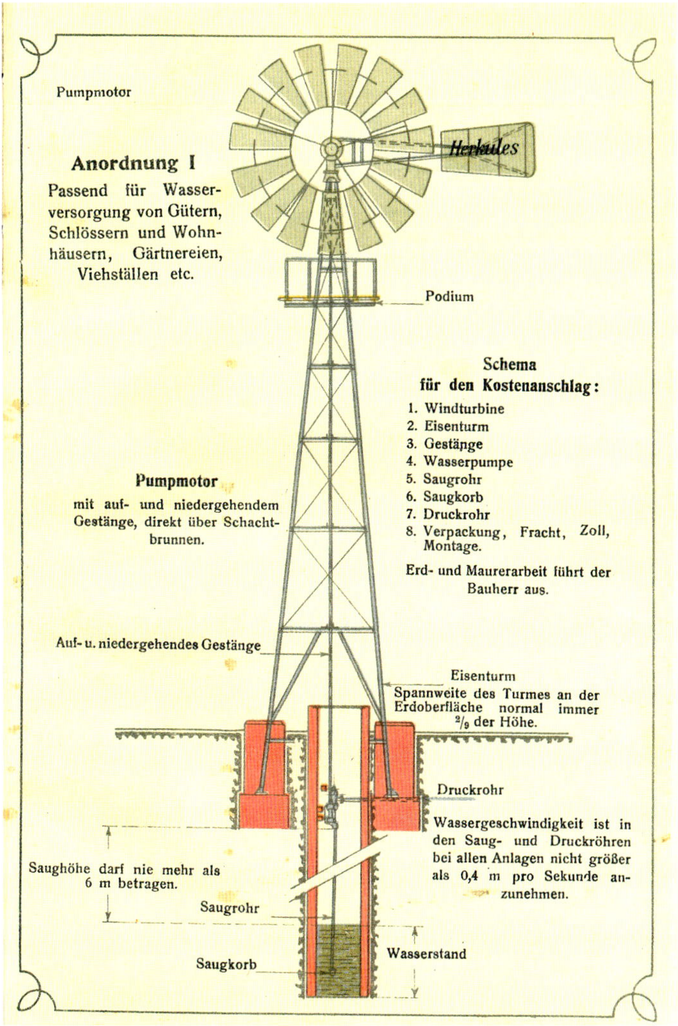

Schemazeichnung eines Windmotors zur Wasserförderung aus einer Beschreibung der Vereinigten Windturbinenwerke

rad ist aus Sicherheitsgründen so justiert, dass es sich nie voll in den Wind dreht. Deshalb bilden die Hauptfahne und der Rotor keinen rechten Winkel.

Landtechnik

Landtechnik-Kino

Prototyp Kreiselheuer

Güllewerfer

Mähdrescher

Landtechnik Buchloe

Herkunft	Buchloe, Landkreis Ostallgäu
Erbaut / erweitert	1932 / 1938
Grundfläche (ca.)	Altbau 23,80 m x 9,80 m Anbau 18,20 m x 15,00 m = 506 m²
Museale Nutzung	seit 2000
Ausstellung	Landtechnik in Schwaben

1932 entstand der westliche Teil des Gebäudes als Ausstellungshalle für landwirtschaftliche Geräte und Maschinen. Bereits wenige Jahre später musste der Landmaschinengroßhändler Martin Schwarz anbauen, denn die Geschäfte gingen gut. In der Zeit des Wirtschaftswunders erweiterte man den Betrieb um eine weitere Halle. Am Anfang der 70er Jahre des 20. Jahrhunderts beschäftigte Schwarz 25 Mitarbeiter, vor allem kaufmännische Angestellte und Lageristen, aber auch einige Außendienstmitarbeiter, welche die Bauern von den neuen Maschinen zu überzeugen suchten.

◁ ***Patenthinweis auf dem Seitenbrett eines Heuaufladers der Firma Osterrieder in Lautrach, die vor wenigen Jahren ihren Betrieb eingestellt hat.***

In der Abteilung Gülle: Im Vordergrund zwei Güllepumpen und dahinter eine angedeutete Güllegrube mit Rührwerk. Gülle ist die Mischung aus Harn, Kot und kurzer Einstreu (z. B. Torf)

In der Halle waren die neuesten Errungenschaften der Landtechnik ausgestellt. Hierher kamen die örtlichen Einzelhändler oder die Vertreter der Firma Schwarz mit ihren Kunden, den Bauern, um zu besichtigen und zu bestellen. In den 70er Jahren wurde die Firma von der Strukturkrise erfasst. Die Zahl der Bauern und damit die der Maschinenabnehmer wurde kleiner, weil immer mehr Bauern ihre Höfe aufgaben, und die großen Hersteller schalteten zunehmend den Zwischenhandel aus.

Das im Originalzustand erhaltene Gebäude bietet nun Platz für eine Ausstellung, welche umfassend die Entwicklung der Landtechnik von der einfachen Mähmaschine vom Ende des 19. Jahrhunderts bis zum Mähdrescher aus der Mitte des 20. Jahrhunderts schildert. Filme, Modelle und erklärende Maschinen unterstützen das didaktische Konzept. Besondere Raritäten in der Ausstellung sind etwa ein Fendt Dieselross aus dem Jahr 1935 oder der Prototyp des Kreiselheuers von Josef Maugg, eine Maschine, die in modifizierter Form heute noch im Einsatz ist.

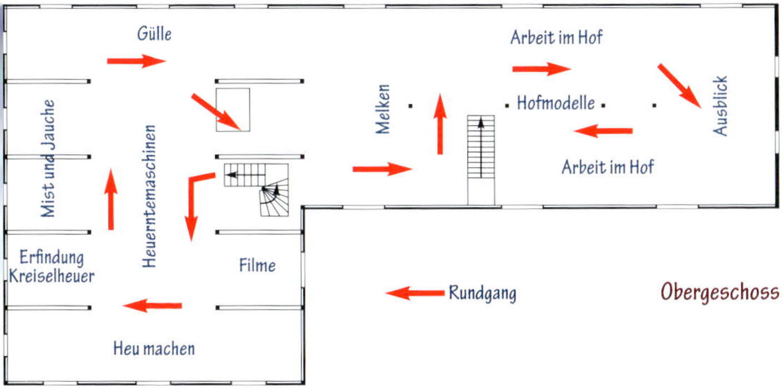

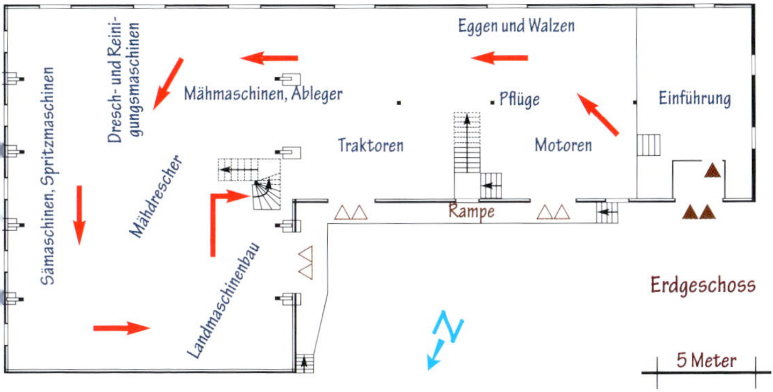

Durch die verständliche Präsentation kann hier auf eine weitere Beschreibung der Ausstellung verzichtet werden.

Beachtenswert ist die Konstruktion der östlichen Halle, welche als Hängewerk ausgebildet ist und ohne Stützen im Raum auskommt.

Traktor der Firma Fendt aus dem Jahr 1935

Wasserrad

Metallbearbeitungsmaschinen

Leerscheibe - Festscheibe

Riemenwerfer

Mechanische Werkstatt Johann Nepomuk Doser

Herkunft	Aichstetten, Landkreis Ravensburg, Baden Württemberg
Erbaut	18. Jahrhundert
Präsentationszeit	um 1950
Grundfläche (ca.)	Hauptteil 11,30 m / 9,80 m x 8,95 m Esse 2,75 m x 2,00 m = 100 m²
Museale Nutzung	seit 2000
Einrichtung	Originaleinrichtung
Ausstellungen	Geschichte der Maschinenfabrik Johann Nepomuk Doser

Die genaue Bauzeit des Gebäudes lässt sich nicht exakt ermitteln, aber man weiß, dass am alten Standort seit 1725 eine Ölstampfe bestand. Von 1823 an wird dort das Malz für das Brauhaus des Fürsten von Zeil gebrochen, und 1863 werden zwei Mahlgänge für Getreide eingebaut. 1886 erwirbt Heinrich Doser das Anwe-

◁ *Öffnungsklappe an der Shaping- oder Stoßmaschine*

Die Werkstatt mit Wohnhaus (links) und die »Mühle«, die im Museum zu sehende Werkstatt (rechts), um 1900. Vor der Werkstatt haben sich die Familie Doser und die Arbeiter der Maschinenfabrik aufgestellt.

sen und baut eine mechanische Werkstätte ein, die von 1889 an »Maschinenfabrik und Mühlenbau-Anstalt Aichstetten« heißt.

Heinrich Doser fertigt vor allem Sägemühleneinrichtungen, aber auch schon landwirtschaftliche Maschinen. Als Blütezeit der Firma darf die Zeit vor dem Ersten Weltkrieg angesehen werden, in der Doser bis zu zwölf Personen beschäftigte.

Zu der Firma gehörten weitere Gebäude, insbesondere eine große Werkstatt, mehrere Lagergebäude und natürlich ein Wohnhaus. Die im Museum zu sehende »Mühle«, wie sie immer genannt wurde, war nur ein Teil des Komplexes. Nach dem Zweiten Weltkrieg war die große Werkstatt an den Arzneimittelhersteller

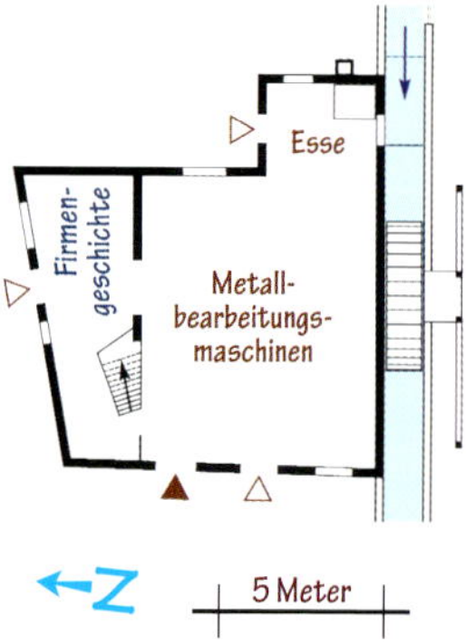

Grundriss mit Mühlkanal

Madaus vermietet, so dass der nun die Geschicke der Firma leitende Johann Nepomuk Doser alle Maschinen in der »Mühle« aufstellte. Und auch als die große Werkstatt wieder zur Verfügung stand, blieben die Metallbearbeitungsmaschinen in der »Mühle«. Dieser Zustand ist im Bauernhofmuseum zu sehen.

Der Antrieb der Maschinen erfolgte anfangs über das Mühlrad, welches zunächst die Transmissionswelle an der Ostwand in Bewegung setzte. Von dort wurden die Maschinen über Lederriemen in Bewegung gesetzt. Jede Maschine besitzt eine Leerscheibe und eine Festscheibe. Im Ruhezustand der Maschine dreht die laufende Transmission die Leerscheibe. Zum Anschalten wird der Riemen mit einer fest installierten Klaue (Riemenwerfer) von der Leerscheibe auf die Festscheibe gezogen, und die Maschine läuft. Dabei kann es ordentlich pfeifen, denn bis die Maschine allmählich in Gang kommt, schleift der Riemen zwangsläufig.

Das Gebäude ist aus Ziegelsteinen massiv aufgemauert. An vielen Stellen sieht man, dass die Betreiber der Werkstatt den baulichen Belangen wenig Beachtung schenkten. So wurden etwa Fenster zugemauert, die Flächen aber nie verputzt. Das unterschlächtige Wasserrad - das treibende Wasser trifft im unteren Bereich auf die Radschaufeln - ist durch einen Bretterverschlag eingehaust. Das war ein gewisser Schutz gegen den Frost des Winters, der dem Betrieb des Wasserrades schaden konnte.

Im Nebenraum ist eine kleine Ausstellung aufgebaut, die die Geschichte der Firma ausführlich darstellt und die Einrichtung und den Betrieb der Werkstatt erklärt.

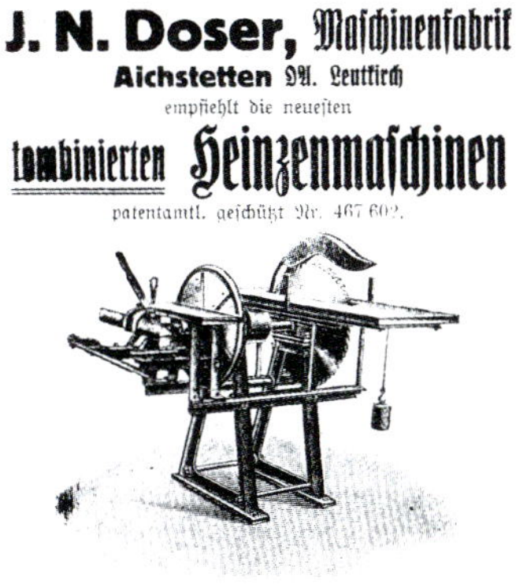

Anzeige für eine Maschine zur Herstellung von Heinzen (siehe dazu Nr. 18: Ausstellung »Heinzen«).

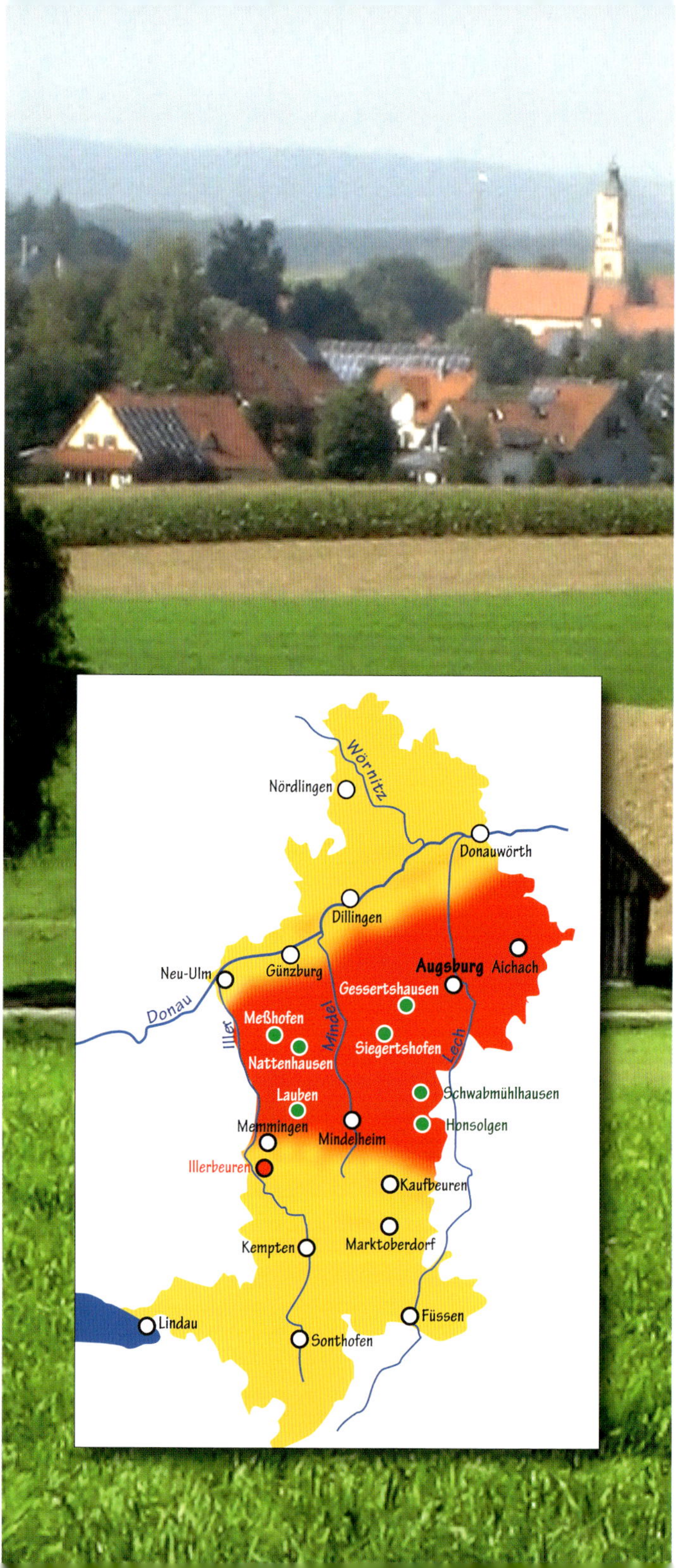

Wörnitz
Nördlingen
Donauwörth
Dillingen
Neu-Ulm
Günzburg
Augsburg
Aichach
Donau
Iller
Mindel
Lech
Gessertshausen
Meßhofen
Nattenhausen
Siegertshofen
Lauben
Schwabmühlhausen
Memmingen
Mindelheim
Honsolgen
Illerbeuren
Kaufbeuren
Kempten
Marktoberdorf
Lindau
Füssen
Sonthofen

In der Baugruppe Mittelschwaben wird der ländliche Raum zwischen dem Allgäu im Süden und dem Donautal im Norden gezeigt. Die nicht zuletzt durch den Tourismus positiv besetzte Bezeichnung Allgäu muss heute mitunter für relativ weit im Norden liegende Landschaften herhalten, um am Glanze dieses Namens teilzuhaben, während man im inneren Allgäu um Sonthofen gerne viel engere Grenzen zieht. Wir rechnen zum Allgäu das Gebiet, in dem sich die Bauern im 19. und frühen 20. Jahrhundert auf die Grünlandwirtschaft spezialisierten. Das ist heute etwa die Region südlich der Autobahn A 96.

Natürlich ist dieses große, als Mittelschwaben bezeichnete Gebiet keineswegs einheitlich. Aber angesichts der musealen Möglichkeiten muss die Baugruppenbildung etwas grob erfolgen. In Mittelschwaben gibt es in der älteren Zeit im Gegensatz zum Allgäu keinen ➡ **Blockbau**, sondern den ➡ **Ständerbau**, ausgeführt als ➡ **Ständerbohlenbau** oder als Fachwerk. Die Gebäude sind noch wie im Allgäu zweigeschossig, während im sich nördlich anschließenden Donautal und in Nordschwaben eingeschossig gebaut wurde. Die Dächer Mittelschwabens sind steil und haben eine Neigung von meist über 45°. Das Dachdeckungsmaterial war früher überwiegend Stroh. Es gibt insbesondere im südlichen Bereich noch Einfirsthöfe wie im Allgäu, aber weiter im Norden und bei größeren Anwesen bestehen die Höfe aus zwei oder mehr Gebäuden, wobei die Teilung in ein Wohnhaus mit Stall und eine separat stehende Scheune vorherrschend ist.

Die Landschaft ist geprägt von weiten, flachen Tälern, in denen die Flüsse und Bäche nach Norden der Donau zustreben. Entlang dieser Gewässer entwickelten sich Straßendörfer, in denen die Höfe beiderseits der von Süden nach Norden laufenden Straße liegen. Entsprechend dieser allgemeinen Ausrichtung ist die Baugruppe Mittelschwaben angelegt.

◁ *Blick von Süden auf Haselbach, Gemeinde Eppishausen*
◁ *Karte von Schwaben mit dem Eintrag der Herkunft der Gebäude (●) in der Baugruppe »Mittelschwaben«*

Strohdach
Siedeltruhe
Rauchkutte
Mittertennhaus

Herkunft	Honsolgen, Stadt Buchloe, Landkreis Ostallgäu
Erbaut	1674
Präsentationszeit	um 1700
Grundfläche (ca.)	15,40 m x 10,85 / 12,20 m = 174 m²
Museale Nutzung	seit 2000
Einrichtung	Andeutung der Raumnutzung durch stilisierte Möbel
Ausstellungen	Geschichte der Sölde Honsolgen und ihrer Bewohner

Die ➡ **Sölde** Honsolgen mutet an, als sei sie nicht aus Schwaben. Dabei waren Bauernhäuser wie dieses vom Ammersee bis nach Oberschwaben der am meisten verbreitete Haustyp. Die Wände sind in ➡ **Ständer-Bohlen-** bzw. ➡ **Ständer-Stabbau**weise ausgeführt und im Süden und Osten des Wohnteils außen mit Lehm

◁ *Das Strohdach der Sölde aus Honsolgen. Die einzelnen Halme bieten Solitärbienen willkommenen Unterschlupf.*

verputzt und weiß getüncht. Die nördlichen Kammern haben auch nach außen lediglich dünne Holzwände. Man kann sich leicht vorstellen, wie kalt es im Winter in diesen Schlafräumen war. Bei allzu strengem Frost verlegte man den Schlafplatz oft in die heizbare Stube. Die Nord- und Ostwände des Hauses sind außen mit Schwertlingen verschalt. Der Grundriss des Gebäudes entspricht einem ➡ **Mittertennhaus**. Das strohgedeckte, steile ➡ **Pfettendach** besitzt im Osten einen Halbwalm mit Öffnung für den Rauchabzug, im Westen reicht das Walmdach bis ins Erdgeschoss.

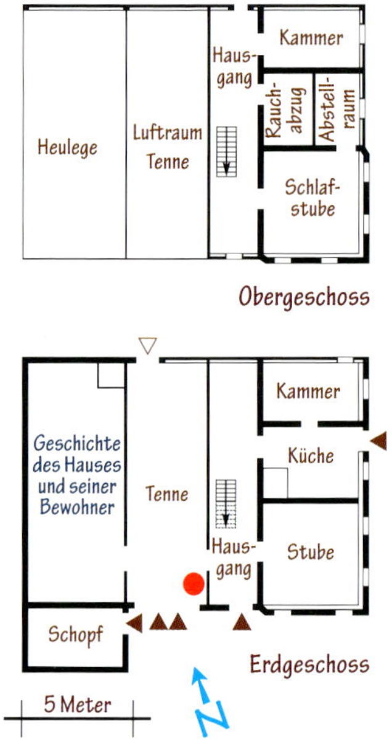

Die Tenne teilt das Mittertennhaus in den Wohn- und in den Wirtschaftsteil. Im Ausstellungsraum im EG befand sich der Stall.

Die ➡ **Sölde** gehörte anfangs zum Kloster Steingaden. Von dort wurde sie 1785 an das Hochstift Augsburg verkauft. Die Geschichte des Hauses und seiner Bewohner ist in einer Ausstellung im ehemaligen Stall ausführlich dargestellt. Darüber hinaus liegt im Haus ein Führungsheft zur freien Benutzung aus.

Auch wenn der alte Stall nicht mehr erhalten war, stammen die meisten Bauteile des Hauses noch aus der Erbauungszeit. Diese bei ländlichen Gebäuden diesen Alters seltene Voraussetzung gab den Ausschlag zur Präsentation der Sölde im Zustand um 1700.

Aus dieser frühen Präsentationszeit stehen kaum noch regional- und milieugerechte Möbel zur Verfügung. Deshalb wurde die Sölde überwiegend mit stilisiert nachgebauten Möbeln eingerich-

Die Stube der Sölde aus Honsolgen mit der stilisierten Möblierung. Die Napfkacheln des Kachelofens wurden nach archäologischen Funden nachgebildet.

tet, um die Nutzung der Räume zu verdeutlichen. Zu diesen Einrichtungsgegenständen gehört beispielsweise die in der Schlafstube stehende Siedeltruhe, ein einst beliebtes Möbel, das sowohl Truhe als auch Sitzbank mit Rückenlehne ist. Das Haus ist vor allem ein baugeschichtliches Dokument.

Die ➡ **Sölde** wurde 1674 erbaut, als der Dreißigjährige Krieg noch in Menschengedenken war. Sie gehört zu den vielen bäuerlichen Anwesen, die einen Neubeginn nach den schrecklichen Jahren markieren. Aus der Zeit vor dem großen Krieg sind in Schwaben so gut wie keine ländlichen profanen Bauten erhalten.

Es sei hier auf ein paar Besonderheiten hingewiesen. Das Dach ist ein Strohdach aus Roggenstroh. Strohdächer waren in alter Zeit im mittleren und nördlichen Schwaben durchaus üblich. Reet (Schilfrohr), wie es in Norddeutschland für Dächer verwendet wird, benutzte man in unserem Raum nicht.

Die Küche des Hauses reicht bis unter das Dach. Lediglich die Rauchkutte verhinderte, dass Funken des offenen Feuers das

In der Tenne ist der Blick auf die römischen Fundamente freigegeben. Auch die senkrechten Bodenschichten wurden am alten Standort abgenommen und im Original eingesetzt.

Dach entzündeten. Allerdings war die Gefahr des hohen Funkenflugs nicht gar so groß, weil sich kein starker Zug nach oben entwickelte.

In der Tenne des Hauses wird der Blick auf einen Fundamentstreifen in der Tiefe freigegeben. Dieser stammt aus römischer Zeit, etwa aus dem Jahr 200. Nach dem Abtrag des Gebäudes in Honsolgen wurde eine archäologische Grabung durchgeführt, welche zwei Vorgängerbauten aus dem Mittelalter durch Pfostenlöcher nachwies sowie die Fundamente eines römischen Gutshofes zum Vorschein brachte, die nun wieder zu sehen sind. Die Seitenwände in der Grube sind Originalmaterial aus der Grabung; es zeichnen sich deutlich einzelne Schichten ab.

Auf der Ostseite des Hauses befindet sich der Garten, in dem nur Pflanzen angebaut werden, die bereits um 1800 auch in bäuerlichen Kreisen bekannt waren und kultiviert wurden. Im äußeren Ring von Beeten wachsen neben den Johannisbeeren vor allem Blumen und Gartenheilkräuter. An der Hausseite finden sich Küchenkräuter und Samenträger. Letzteres ist zu erläutern.

Ritzzeichnung in der Tennenwand (Lage im Grundriss markiert: ●). Rechts ist die Heilig-Kreuz-Kirche in Landsberg am Lech dargestellt. Die Kirche wurde 1754, 80 Jahre nach Erbauung der Sölde, geweiht. Vielleicht hat Alban Altwögger, der die Sölde von 1730-1779 besaß, die Zeichnung angefertigt. Von Alban weiß man, dass er dreimal heiratete, wegen Prügelns und Fluchens auf der Gemeindegasse eine Strafe von 1 Gulden, 8 Kreuzer und 4 Heller bezahlen musste, und dass er an einem Schlaganfall starb.

Manche Gemüse, z. B. Möhren oder Kopfkohl, tragen im Jahr ihrer Aussaat bzw. Pflanzung keinen Samen. Heute ist das kein Problem, weil der Samen leicht gekauft werden kann. In früheren Zeiten gewann man den Samen selbst. Dazu mussten beispielsweise die ausgewachsenen Krautköpfe im Herbst mit den Wurzeln aus dem Garten genommen und im Keller frostfrei überwintert werden. Im Frühjahr setzte man den Kohl wieder im Garten ein, wo er in der Regel anwuchs, blühte und Samen ansetzte. Solche Samenträger finden Sie hier und im Garten des Bauernhauses Meßhofen (Nr. 26a). Im Zentrum des Gartens befinden sich die Gemüsebeete, auf denen Mangold, Möhren, Dicke Bohnen, Pflücksalat, Pastinaken, Spinat, Winterrettich, Erbsen und Zwiebeln angebaut werden. Und aus Kohlsamen werden Stecklinge herangezogen, aus Zwiebelsamen Steckzwiebeln.

Laure

Haarbild

Spunddecke

Löschsandstreuer

schwarze Begleiter

Andreazzi Nachtlichter

Bauernhaus Meßhofen

Herkunft	Meßhofen, Gemeinde Roggenburg, Landkreis Neu-Ulm
Erbaut	1718
Präsentationszeit	um 1730
Grundfläche (ca.)	17,50 m x 12,00 m = 210 m²
Museale Nutzung	seit 2000
Einrichtung	Objektsammlungen in Bezug zu den Räumen

Das Bauernhaus aus Meßhofen bildet zusammen mit dem Stadel aus Nattenhausen (Nr. 26b) ein typisches Gehöft aus dem westlichen Mittelschwaben. Der Hof besteht hier in der Regel aus einem Wohnhaus mit Stall und einem separat stehenden Stadel. Die Herkunftsorte der beiden Gebäude liegen nur wenige Kilometer auseinander. Weder der Hof in Nattenhausen, noch der in Meßhofen war komplett, aber beide zusammen ergeben diese typische Hofstelle.

◁ *Schwarzes »Zickzack« begleitet die Fachwerkhölzer*

Bauernhaus Meßhofen

Die Hofanlage aus dem westlichen Mittelschwaben im winterlichen Sonnenaufgang

Das Bauernhaus Meßhofen ist ein in Fachwerk ausgeführter ➡ **Ständerbau**. Die Gefache zwischen den Hölzern sind mit Holzgeflecht und Lehm ausgeschlagen und außen mit dünnem Kalkputz überzogen. Eindrucksvoll heben sich die schwarz gefassten Hölzer vom Weiß ab, und die Wirkung des Holzes wird durch die schwarzen Begleiter in Zickzackmuster noch gewaltiger. Am südlichen Ende der westlichen Außenwand ist die ursprüngliche Fassung freigelegt - im nebenstehenden Grundriss ist die Lage durch einen roten Punkt (●) markiert. Auch im Inneren bleibt die Farbgebung der Wände bei Weiß und Schwarz.

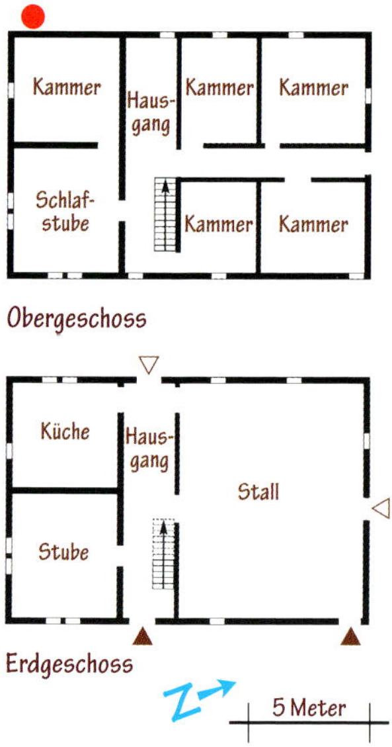

In der Hausbreite ist Platz für zwei Räume. Und weil der zugehörige Stadel Bergeraum bietet, können über dem Stall Kammern eingerichtet werden, hier Räume für die alten Bauersleute.

In den Räumen des Bauernhauses aus Meßhofen finden Sie kleine Vitrinenausstellungen zu Themen, die einen Bezug zum jeweiligen Raum haben. Hier sind Kleinigkeiten aus dem Alltag wie eine Laure zum leichteren Tragen großer Säcke (links oben) oder ein Schuhwärmer aus gebranntem Ton (unten) ausgestellt.

Das mächtige ➡ **Sparrendach** mit liegendem Stuhl ragt steil und kühn in die Höhe. Die Dachneigung erreicht fast 50°.

In der Hausbreite bietet das Gebäude Platz für zwei Räume, die Stube im Südosten und die Küche mit Backofen im Südwesten. Die Decke in der Stube ist eine sogenannte Spunddecke: Auf einen Deckenbalken folgt parallel eine Bohle, die in seitlichen Nuten der Deckenbalken ruht. Dadurch entsteht eine dichte Lage eindrucksvoller Deckenbalken. Im Obergeschoss liegt über der Stube die Schlafkammer für die Bauersleute, über der Küche die Kammer für die Kinder.

Standkreuz einer Versehgarnitur (links) und Haarbild aus den Haaren der verstorbenen Mutter (rechts) in einer Kammer des Altenteils.

Der Hausgang trennt im Erdgeschoss den Wohnteil vom Stall. Über dem Stall befinden sich mehrere Kammern, darunter die für die Eltern des Bauern (➡ **Austrag**).

Das Gebäude befand sich vor seinem Abbau in einem denkbar schlechten baulichen Zustand, so dass viele Wände zu erneuern waren. Und natürlich war das Haus schon oft modernisiert und umgebaut worden. Die umfangreichste Maßnahme war der Ersatz der Fachwerkwände im Erdgeschoss durch massive Ziegelwände. Diese Veränderung wurde beim Wiederaufbau rückgängig gemacht. Vom ehemaligen Einbau der Ziegelwände zeugen noch Einkerbungen auf den Außenseiten der Ständer in etwa vier Metern Höhe.

Einkerbung für Stützen anlässlich der Erneuerung der Erdgeschosswände

Um die Wände im Erdgeschoss erneuern zu können, musste man das Haus abstützen. Die Stützen saßen in den Kerben der Ständer.

Schreibgarnitur mit Tintenfass (rechts) und Löschsandstreuer (links) in der Stube.

Das Haus bietet keine Einrichtung in gewohnter Weise. Sie finden in den einzelnen Räumen kleine Vitrinenausstellungen zu Themen, die zum jeweiligen Zimmer passen. In der Stube geht es um Schriftliches, Verträge, Geld und Geschäfte. In der Küche ist Geschirr aus Keramik ausgestellt: Kochtöpfe und Schüsseln, Krüge und Kannen, Puddingformen und Bräter, Essigfässer und Wasserflaschen. Sachen für die Nacht - Nachthemden, Wärmflaschen, Nachttöpfe, Leuchtkörper wie etwa Schwimmdochte der Marke »Andreazzi Nachtlichter« - sind in der Schlafstube zu sehen. In der Kammer daneben, in der die Kinder schliefen, finden Sie Sachen zur Kinderwelt. Allerdings ist zu bemerken, dass es eine Kindheit nach heutigem Verständnis bis ins 18. Jahrhundert hinein nicht gab. Kinder waren keine Kinder, sondern kleine Erwachsene, die wie alle anderen bestimmte Aufgaben zu erledigen hatten.

Oft vergessene Dinge des Alltags findet man in der Kammer beim Aufgang zum Dachboden: Pfannenkratzer, Nähnadeln, Schuhwärmer aus Ton, Mausefallen und vieles mehr. In den anderen Kammern über dem Stall, dem früheren Altenteil, wird eingegangen auf die Themen »Sterben«, »Frömmigkeit« und »Dienstboten«.

Südlich des Hauses liegt der zu jedem Bauernhaus gehörende Garten. Blumen, Gemüse, Kräuter und Heilpflanzen, wie sie gegen 1800 unter der bäuerlichen Bevölkerung bekannt waren, sind hier kultiviert. Der Aufbau des Gartens entspricht dem der Sölde Honsolgen (Nr. 25); dort finden Sie einige Erläuterungen.

Dreschen

Biberschwänze

Wohn-Stall-Haus

Stadel Nattenhausen

Herkunft	Nattenhausen, Gemeinde Breitenthal, Landkreis Günzburg
Erbaut	1791
Präsentationszeit	um 1800
Grundfläche (ca.)	16,70 m x 12,25 m = 205 m²
Museale Nutzung	seit 2000
Einrichtung	Einbauten und Gerätschaften der Zeit

Der Stadel aus Nattenhausen bildet zusammen mit dem Bauernhaus aus Meßhofen (Nr. 26a) ein typisches Gehöft aus dem westlichen Mittelschwaben. Der Hof besteht hier in der Regel aus einem Wohnhaus mit Stall, also dem Wohn-Stall-Haus und einem Stadel.

Die Orte Nattenhausen und Meßhofen liegen, obwohl sie zu verschiedenen Landkreisen gehören, nur wenige Kilometer auseinander. Weder der Hof in Nattenhausen, noch der in Meßhofen war komplett, aber der Stadel des einen Hofes und das Wohn-

◁ *Schattenspiel an der Ostwand*

Stadel Nattenhausen

Der Ostgiebel des Stadels mit seinem gleichermaßen beeindruckend schlichten wie raffinierten Fachwerk. Rechts ist das Kombinationsmuster der unterschiedlich langen Streben skizziert.

Stall-Haus des anderen ergaben diese typische Hofstelle. Beide Gebäude stehen im Museum in der gleichen Himmelsrichtung wie an ihren jeweiligen Originalstandorten.

Der Stadel ist ein solider Ständer-Fachwerkbau mit klarer, harmonischer Gliederung. Die Wände sind mit Holzgeflecht und Lehmputz geschlossen, allein der westliche Giebel – die Wetterseite – ist nicht ausgefacht, sondern durch eine Bretterschalung geschlossen. Das Dach ist ein mächtiges ➡ **Sparrendach** mit liegendem

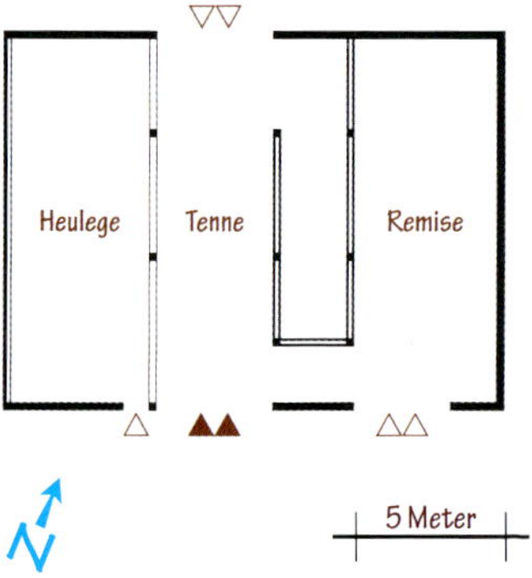

Quer zum First verläuft die Tenne durch den Stadel; große Tore beiderseits lassen die Ein- und Ausfahrt mit großen Erntewagen zu.

Im mächtigen Stadel aus Nattenhausen. Im Bereich links unten ist der Aufbau einer Lehmwand mit der Stakung zu erkennen.

Stuhl, einfach gedeckt mit Biberschwänzen. Die Fugen zwischen den einzelnen Ziegeln sind mit untergeschobenen Schindeln geschlossen (➡ **Dachdeckung**). Biberschwanzziegel oder Biberschwänze nennt man flache, an der Unterkante oft halbrunde Dachziegel, deren Form an die Kelle des Bibers erinnert.

Im Inneren bietet der Stadel viel Platz zur Lagerung von Heu und Stroh, es können Fahrzeuge und landwirtschaftliche Maschinen untergestellt und verschiedene Arbeiten unter Dach verrichtet werden. Dazu gehörte vor allem das Dreschen in der Winterzeit, welches bei diesem Hoftyp nicht im Haupthaus, sondern im zugehörigen Stadel erfolgte.

Gemeindewaage
Augsburger Waagenfabrik
Ludwig Pfister K.-G.

Nr. 27 in Baugruppe Torfwirtschaft ab Seite 176!

Waage Schwabmühlhausen

Herkunft	Schwabmühlhausen, Gemeinde Langerringen, Landkreis Augsburg
Erbaut	um 1910
Präsentationszeit	um 1920
Grundfläche (ca.)	Waagbrücke 5,00 m x 1,90 m = 10 m^2 Waaghäuschen 2,15 m x 1,55 m = 3 m^2
Museale Nutzung	seit 1999
Einrichtung	Originale Einrichtung

Heute haben die alten Fuhrwerkswaagen fast alle ausgedient. Noch vor nur 30 oder 40 Jahren gehörte in fast jedes Dorf eine solche Waage: ebenerdig war die Waagebühne angelegt, damit man mit dem Fuhrwerk bequem auffahren konnte. Die Apparaturen zum Wiegen und zum Ausdruck des Wiegeergebnisses waren in einem kleinen Häuschen wettergeschützt untergebracht. Ab und zu haben sich, auch wenn die Waagen nicht mehr in Betrieb sind, die Waaghäuschen erhalten und sind Unterstand für wartende Omnibuspassagiere geworden.

◁ *Wind und Wetter gaben dem Holz eine deutliche Struktur.*

28 Waage Schwabmühlhausen

Konstruktionszeichnung der Firma Pfister. Die Waageeinrichtung im Vordergrund wurde stets durch ein kleines Häuschen geschützt.

Es gab viel zu wiegen, vor allem landwirtschaftliche Güter und nicht zuletzt zum Verkauf vorgesehenes Vieh. Und so hat mancher Bauer, der den Viehhändler erwartete, in aller Frühe sein Schwein oder Rind wiegen lassen, damit er das Preisangebot des Viehhändlers, der natürlich keine Waage zu Hilfe nahm, besser bewerten konnte.

Die Waage aus Schwabmühlhausen lieferte die »Augsburger Waagenfabrik Ludwig Pfister K.-G.«, welche heute noch unter dem Namen »Pfister GmbH« besteht. Die Firma Pfister war beim Aufbau und der Einstellung der Waage im Museum behilflich.

Die Firma ist eine Gründung des Zeugschmieds Ludwig Pfister, der 1894 in Augsburg einen Betrieb zur Herstellung mechanischer Brückenwaagen gründete. Am 26. November 1906 wurde die 25. Fuhrwerkswaage im Rahmen eines Festes mit geschmückten Vierspännern ausgeliefert: die große Augsburger Stadtwaage »Am Schwall«.

Die Waage Schwabmühlhausen hat eine Brückengröße von 5,00 m x 1,90 m und eine Wiegefähigkeit von bis zu 6.000 kg. Im Ruhezustand ist die Brücke arretiert und fest. Durch 1-2 Kurbel-

Links: Bedienteil im Waaghäuschen mit Kurbel zur Be- und Entlastung der Brücke und Gewichtbalken. Rechts oben: Firmenschild mit Waagennummer. Rechts unten: Waagbalken mit Maßskala und Schiebegewichten.

umdrehungen wird die Brücke gelöst und der Wiegevorgang kann beginnen, indem die Laufgewichte auf dem Maßbalken verschoben werden. Es sind also keine losen Gewichte notwendig. Ist die Waage austariert, kann das Gewicht abgelesen und auf einem kleinen Karton ausgedruckt werden. Bevor das gewogene Gut wieder entfernt bzw. der Wagen abgefahren wurde, war die Waage wieder mit der Kurbel zu entlasten und festzustellen. Die Waagen mussten in regelmäßigen Abständen geeicht werden, damit die Wiegeergebnisse offizielle Gültigkeit besaßen.

Auf dem Land waren oft die Gemeinden Käufer und Betreiber der Waagen. Man nannte sie deshalb auch Gemeindewaagen. Ebenso häufig unterhielten Darlehenskassenvereine, welche Lagerhäuser mit Landhandel betrieben, die Waagen. Und auch Brauereien, Fabriken und nicht zuletzt die Gaswerke der Städte gehörten zu den wichtigsten Kunden der Firma Pfister.

Käswasser
Strangfalzziegel
Sennalpe, Galtalpe

Herkunft	Lauben, Landkreis Unterallgäu		
Erbaut / erweitert	um 1935 / um 1950		
Präsentationszeit	um 1950		
Grundfläche (ca.)	7,00 m x 2,35 m	=	16 m²
Museale Nutzung	seit 2010		

Der Schweinestall gehört nicht zu einem der nebenstehenden Gebäude, sondern stammt von einem Hof aus Lauben im Landkreis Unterallgäu.

Schweineställe waren als eigenständige Gebäude relativ selten. Üblicherweise wurden im Stall einzelne Buchten für die Schweine eingerichtet. Im Nattererhof (Nr. 20a) brachte man die Schweine gar bei den Pferden im Rossstall unter. Schweineställe sind, auch wenn entsprechende Bauten aus dem 18. Jahrhundert bekannt sind, in der Regel jüngere Bauwerke aus dem 19. und 20. Jahrhundert.

◁ ***Innenseite einer der niedrigen Stalltüren, die von den Schweinen heftig angenagt wurden.***

Schweinestall Lauben

Dieses Schwein soll neun Zentner auf die Waage gebracht und sehr viel Schmalz gegeben haben, um 1920.

Die Schweinehaltung hat eine lange Tradition. In den Städten des Mittelalters sollen die frei umherlaufenden Schweine mitunter zur Plage geworden sein. Schweine wurden bis ins 19. Jahrhundert gerne als Weidetiere im Bereich von Wäldern gehalten, wo sie sich hauptsächlich von Eicheln, Kastanien, Bucheckern, Wildfrüchten, Pilzen, Würmern und Maden ernährten. Das Schwein war, weil es sich sein Fressen sozusagen alleine suchte, ein billiger Fleisch- und Wurstlieferant.

Die reine Stallhaltung etablierte sich erst im 19. und 20. Jahrhundert. Jetzt wurden auf dem Bauernhof vor allem Essensreste das bevorzugte Schweinefutter. In Gebieten mit intensiver Milchwirtschaft verfütterte man die bei der Käseherstellung als »Abfallprodukt« anfallende Molke, das »Käswasser«, an die Schweine. Und auf vielen Sennalpen, also Alpen mit Milchverarbeitung, hielt man mitunter Schweine, um die Molke sinnvoll zu verwerten. (Eine Alpe nur mit Jungviehhaltung nennt man Galtalpe).

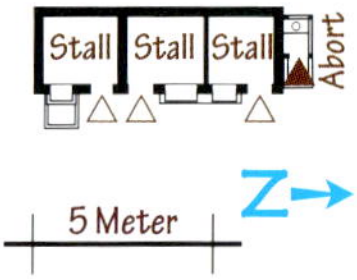

Der Schweinestall ist in drei Buchten aufgeteilt und hat eine kleine Grube zur Sammlung des Harns (links). Rechts ist der Abort für die Menschen angebaut.

Der Schweinestall Lauben entstand in zwei Phasen. In den 30er Jahren des 20. Jahrhunderts erbaute man das erste Drittel im Süden, um nach dem Krieg nochmals

Transport von Schweinen von der Zipfelsalpe bei Hinterstein. Da die Schweine in Gelände mit Absturzgefahr nicht leicht zu treiben waren, band man sie mitunter auf Schlitten und brachte sie so zu Tal. Aufnahme aus der Mitte des 20. Jahrhunderts.

zwei Buchten anzubauen. Die Fundamente und der Boden sind betoniert, die Wände aus Ziegeln gemauert und verputzt. Damit die Schweine nicht auf dem Beton stehen und liegen müssen, sind die Buchten mit Holzrundlingen ausgelegt, die in seitliche Nuten der Wände eingeschoben sind.

Der alte Stallteil ist bedeckt von einem einfachen Pultdach, beim jüngeren Teil ergibt das einseitig auskragende Satteldach einen Regenschutz für die Futterluken. Das Dach ist bereits mit maschinengefertigten »Strangfalzziegeln« gedeckt. Das sind, ähnlich den Biberschwänzen (➡ **Dachdeckung**), flache Dachziegel, die mit einem einfachen Seitenfalz versehen sind, so dass sich die beim einfach gedeckten Biberschwanzdach notwendigen Schindeln erübrigen.

Die Futtertröge ragen nach außen, damit man bei der alltäglichen Fütterung nicht in den Stall musste. Der Schweinestall hat Abflussrinnen und ein kleines Sammelbecken für die Fäkalien der Tiere. Seitlich ist der Abort für die menschlichen Bewohner des Hofes angebaut. Dieses »Häuschen« war vor Ort nicht mehr erhalten, ist aber durch die darunter liegende Grube und Fotografien belegt. Der jetzt zu sehende Abort ist ein Nachbau.

Stauden

Krautstrangen

Solnhofener Platten

Keine Nägel
im Liegeplatz der Kühe

Herkunft	Siegertshofen, Gemeinde Fischach, Landkreis Augsburg
Erbaut	1669
Präsentationszeit	um 1870
Grundfläche (ca.)	16,50 m x 9,00 m = 149 m²
Museale Nutzung	seit 2009
Einrichtung	Mobiliar und Gebrauchsgegenstände

Die Sölde aus Siegertshofen ist ein typisches Kleinbauernhaus aus den Stauden, der Landschaft zwischen Wertach und Mindel im Südwesten von Augsburg. Die Stauden waren im Verlauf der Geschichte niemals eine politische oder verwaltungsorganisatorische Einheit, sondern bezeichnen einen geographischen Raum,

◁ *Ostwand in der Tenne. Die ursprüngliche Fachwerkwand mit Lehmausfachung ist bereits durch eine Ziegelmauer ersetzt. Das noch aus der ursprünglichen Konstruktion stammende Holz zeigt deutliche Gebrauchsspuren: Der Balken war der Aufbewahrungsort für die Sicheln, die man einfach hineinpickte.*

In der Stube. Der farbige Wandanstrich endet oben mit einem kräftigen roten Begleiter. An zwei Stellen sind einige originale Farbfassungen freigelegt.

dessen Landschaftsbild früher von Niederwald und Buschwerk, also von Stauden geprägt war. Die Stauden galten aber auch als ein wirtschaftlich schlecht gestellter Landstrich, auf den die Nachbarn gerne herunterblickten. Kleinbäuerliche Anwesen und Sölden dominierten die Dörfer der relativ armen Gegend.

Bereits im Jahr 1659 – elf Jahre nach dem Ende des Dreißigjährigen Krieges - hatte der Schneider Leonhardt Wagner aus dem benachbarten Walkertshofen in Siegertshofen eine Sölde gekauft. Diese veräußerte er 1668, um eine »verödete Hofstatt« von »schlechtem Werth« zu erwerben. Er kaufte also einen Platz, auf dem ein Hof gestanden hatte. Im »Bauplatz« enthalten waren zwar keine Felder, aber eine Gemeindegerechtigkeit, ein Anspruch auf Gemeindenutzungen. Vom Grundherrn, dem Heilig-Geist-Spital in Augsburg, erhält er etwas Holz für den Bau. Leonhardt Wagner errichtet ein zweigeschosssiges Fachwerkhaus mit Lehmausfachungen und einem strohgedeckten Dach mit Halbwalm auf beiden Seiten. Es entspricht der üblichen Bauweise der Gegend. Allerdings sind hier auch die sogenannten Staudenhäuser verbreitet, die sich durch eine besondere, eine einhüftige Dachform auszeichnen: auf der südlichen Seite reicht das Dach nur bis zum Obergeschoss, auf der nördlichen zieht es sich hinab bis zum Erdgeschoss. Leonhardt Wagner hatte sich aber anders entschieden.

In den Archiven verliert sich Leonhardt Wagners Spur. Gegen Ende des 17. Jahrhunderts heißen die Hausbesitzer Mayr und im Stall stehen zwei Kühe. Das kleine Anwesen wird, wie das durchaus üblich war, immer wieder veräußert und von neuen Besitzern gekauft.

Im Museum zeigt sich das Haus in seinem baulichen Zustand um 1870. Im Erdgeschoss sind die Fachwerkwände bereits durch massive Ziegelwände ersetzt, und statt des großen Schlotes besorgt ein Kamin den Rauchabzug aus Küche und Stube. Zur Sölde gehören bereits ein paar Äcker und Wiesen sowie Kraut- und Kartoffelstrangen, und im Stall stehen drei Kühe und zwei Schafe. Die »Strangen« sind schmale, lange Beete, die nebeneinander außerhalb des Dorfes liegen. Die einzelnen Dorfbewohner haben auf diesem großen Feld jeweils einzelne Streifen.

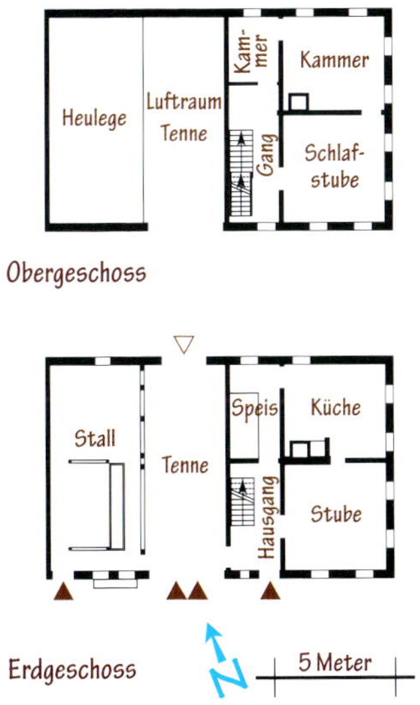

In der Hausbreite ist Platz für zwei Räume. Vom Hausgang ist die Speis abgetrennt, vom Gang im Obergeschoss eine Abstellkammer.

Ein Jakob Rössle hatte 1863 die Sölde von seinem Vater übernommen und die 26jährige Schuhmachertochter Elisabeth Micheler aus Siegertshofen geheiratet. Elisabeth und Jakob werden sechs Kinder

Die Schlafstube im Obergeschoss

geboren, wobei nur der Sohn Joseph das Erwachsenenalter erreicht. Eine Schwester wird gerade einmal 13 Jahre, die anderen Kinder sterben noch früher. Im Dezember 1871 wird Jakob Rössle Witwer. Er heiratet nochmals; diese Ehe bleibt kinderlos.

Der Hausgang, von dem im Norden eine kleine Speisekammer abgetrennt ist, hat als Bodenbelag ebenso wie die Küche und die Speis ➡ **Solnhofener Platten**. Die Stube liegt, wie man es gerne hatte, im Südosten des Hauses.

In der Küche ist der alte Schlot, wie er noch in der St.-Ulrich-Sölde (Nr. 1), im Uttenhof (Nr. 4) oder im Grieshof (Nr. 6) zu sehen ist, bereits durch einen engeren Kamin ersetzt. Es ist damit eine merkwürdige Situation entstanden. Der Kamin ist vorne noch offen und ahmt die alten Verhältnisse nach. Der nun erforderliche Herd wurde neben dem Kamin aufgemauert.

Im Obergeschoss findet sich der gleiche Grundriss wie im Erdgeschoss: Schlafstube und Schlafkammer am Ostgiebel, dazu Hausgang und Abstellraum. Besonders im oberen Hausgang ist noch der ursprüngliche Wandaufbau aus Fachwerk und Lehmausfachung zu sehen; die Wandoberfläche ist sehr uneben. Hier wie auch an anderen Stellen im Haus sehen Sie kleine Freilegungen, die einige ältere Farbschichten und die für die Renovation gültige von etwa 1870 zeigen.

In der Zeit um 1870 begann auf dem Land die Dekorationsmalerei aufzublühen. Und so durchziehen grüne und blaue Farbtöne das ganze Haus. Meist schließen die monochromen Anstriche knapp unter der Decke mit einen kräftigen Begleiter (Strich) ab. In der Torfwirtschaft Otto Hamp (Nr. 27a) ist die farbige Wandgestaltung in Vollendung zu sehen.

Im Dachboden ist sehr schön die Dachdeckung aus Roggenstroh zu sehen. Man muss sich das Stroh aber ebenso dunkel und rußgeschwärzt vorstellen wie die Hölzer des Dachstuhls, die noch aus der Erbauungszeit stammen. Der einstige Schlot endete wohl im Dachraum und der Qualm des Herdfeuers färbte alles dunkel.

Jenseits der Tenne - die Sölde Siegertshofen ist ein ➡ **Mittertennhaus** - befindet sich der Stall für die wenigen Tiere. Der Bodenbelag für die Kühe ist nicht genagelt, weil durch Abnutzungserscheinungen die Nägel bald zu spitz hervorstehenden Stiften geworden wären, welche die Kühe verletzt hätten.

An der Südwand des Stalls ist eine Ausbuchtung nach außen zu sehen, so dass ein winziger Raum entsteht, der im Stallinneren mit einem Holzgitter verschlossen ist. Das war der Hühnerstall.

In der Tenne können Sie über einen Bildschirm Informationen zum Haus abrufen. Und hier ist auch die filmische Dokumentation der Hausversetzung, die im Rahmen der Sendereihe »Unser Land« vom Bayerischen Rundfunk gedreht wurde, zu sehen.

Das bayerische Fernsehen begleitete den Umzug der Sölde

Wörnitz
Nördlingen
Donauwörth
Dillingen
Aichach
Neu-Ulm
Günzburg
Jettingen
Augsburg
Donau
Iller
Mindel
Lech
Memmingen
Mindelheim
Volkratshofen
Illerbeuren
Kaufbeuren
Kempten
Marktoberdorf
Lindau
Füssen
Sonthofen

Baugruppe Torfwirtschaft

Bayern ist reich an Mooren. Zählt man alle Moorgebiete im Freistaat zusammen, ergibt das eine Fläche von etwa 2.200 km² - dies ist beinahe die Größe des Saarlandes. Grundsätzlich unterscheidet man zwischen Hoch- und Niedermooren. Als Faustregel gilt: Hochmoore werden von Regenwasser gespeist, Niedermoore von Grundwasser. Im Mindeltal bei Jettingen-Scheppach entstand in der letzten Eiszeit ein Niedermoor. Von dort kommt die »Torfwirtschaft Otto Hamp« (Nr. 27a).

Die aus dem Moor gestochenen und getrockneten Torfstücke waren vor allem Brennmaterial. Bauern nutzten Torf und Torfmull auch als Einstreu für ihre Ställe, und wegen seiner schlechten Wärmeleitfähigkeit diente er auch als Isolationsmaterial bei Eis- oder Käsekellern.

Auch wenn bereits Plinius davon berichtet, dass die Germanen ihre Speisen mit Torf erwärmten, so baute man vor allem erst im 19. und 20. Jahrhundert in großem Umfang Torf ab. Der geradezu industrielle Torfstich begann in der Jettinger Gegend mit der Aufnahme des Bahnverkehrs, denn nun konnte der Torf einfach und in großen Mengen transportiert werden, und nicht zuletzt befeuerte man die Lokomotiven mit Torf.

Das Torfstechen war eine kraftraubende und unangenehme Arbeit. Im Sommer lastete drückende Hitze über dem Moor; der Torfstecher stand ständig im kalten Wasser und die Arbeiterinnen und Arbeiter wurden von Bremsen und Mücken geplagt. Während das Stechen der Riegel meist Männerarbeit war, übernahmen überwiegend Frauen und Kinder das Stapeln und Umschichten der Riegel - diese Tätigkeit wurde gebückt oder auf Knien rutschend ausgeführt.

Im 20. Jahrhundert ging der Torfabbau zurück, weil vor allem Kohle und später Öl und Gas den Brenntorf ersetzten.

◁ *Alter Torfstadel im Moor bei Jettingen*
Foto: Prof. Dr. Michael Haibel, Jettingen-Scheppach

◁ *Karte von Schwaben mit dem Eintrag der Herkunft der Gebäude (●) in der Baugruppe »Torfwirtschaft«*

Torf

Lamperie

Ausflugslokal

Schiefes Haus

Schablonenmalerei

Neuschwansteinlied

Torfwirtschaft Otto Hamp

Herkunft	»Brementaler« bei Jettingen, Gemeinde Jettingen-Scheppach, Landkreis Günzburg
Erbaut	1864
Präsentationszeit	um 1920
Grundfläche (ca.)	17,70 m x 7,15 m = 127 m²
Museale Nutzung	seit 2002
Einrichtung	Gaststuben mit Bewirtung, Mobiliar und Gebrauchsgegenstände
Ausstellungen	Torf und Torfabbau im Brementaler Ausflugslokale - Urlaub vom Alltag

Schon von weitem fällt es auf, dass da etwas nicht stimmt. Das ganze Gebäude ist in enorme Schieflage geraten. Weit zur Seite geneigt, so wie es im Moor bei Jettingen stand, lädt es zur Einkehr. Und wer zum ersten Mal ins Haus tritt, zweifelt an seinem Gleichgewichtssinn.

◁ *Üppige Schablonenmalerei im Nebenzimmer*

Torfwirtschaft Otto Hamp

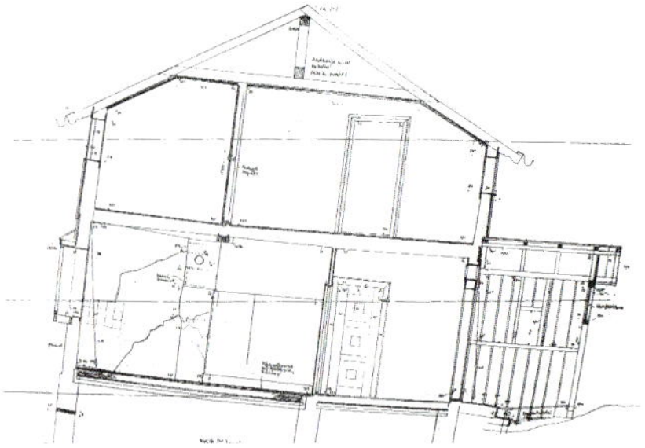

Einen Eindruck von der enormen Schieflage vermittelt dieser Hausquerschnitt im Maßstab 1:200 (Bauaufnahme am Originalstandort).

Kurz bevor die Mindel in die Donau mündet, finden sich in ihrem Tal große Torfvorkommen. Der Torf wurde wohl schon im Mittelalter von den Bewohnern für den Eigenbedarf gestochen. In Form handlicher »Riegel« wurden die Torfstücke getrocknet und ergaben ein gutes Feuerungsmaterial.

Von der Mitte des 19. Jahrhunderts an, als die Eisenbahnstrecke Ulm – Augsburg fertiggestellt war, nahm das Torfstechen andere Dimensionen an und wurde geradezu industriell. Vor allem Tagelöhner, Männer wie Frauen, stachen im Akkord Torf. Etwa 10.000 Riegel erwartete man als Tagesleistung.

Auf Stauffenbergschem Grund entstand 1864 eine erste Kantine für die Arbeiter im

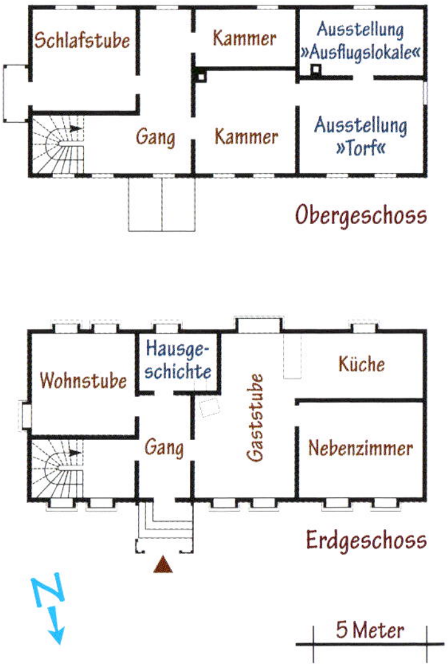

Die Räume im Erdgeschoss dienen auch im Museum der Bewirtung. Im Obergeschoss finden Sie neben den eingerichteten Kammern zwei Kabinettausstellungen.

Ansicht des Torfstichs Grüner bei Jettingen mit einem Meer von aufgebockten und aufgeringelten Torfstücken. Links von der Bildmitte stapeln sich Körbe zum Transport der Torfriegel. Aufnahme vom Anfang des 20. Jahrhunderts.

Torfstich, unsere Torfwirtschaft. Wenige Jahre später wurde die Kantine allgemeine Gaststätte, und nach dem 1. Weltkrieg, als das Torfstechen bereits an Bedeutung verloren hatte, gelang es dem damaligen Wirt Otto Hamp, aus der Torfwirtschaft ein gutgehendes Ausflugslokal zu machen.

Der einfache Fachwerkbau wurde außen mit einer Bretterschalung versehen und ockerfarben gestrichen, die Fenster im Erdgeschoss als Erker ausgebildet, ein Balkon angebaut und ein schmucker Eingang zugefügt. Und zur Unterhaltung der Gäste trug nun auch eine Freiluftkegelbahn bei. Das Gasthaus erfreute sich, draußen im Moor gelegen, großer Beliebtheit. Bereits damals stand das Haus schief. Vielleicht lockte gerade dieser Umstand die Leute ins »schiefe Haus«. Auch im Museum ist die Torfwirtschaft ein Wirtshaus mit Biergarten. Im Erdgeschoss befinden sich der Schankraum und das Nebenzimmer sowie das zu besichtigende Wohnzimmer der ehemaligen Wirtsleute. Die Räume sind durch-

Torfwirtschaft Otto Hamp

Im Wohnzimmer der Wirtsleute im Erdgeschoss ist selbst der Fußboden bemalt.

Im Nebenzimmer der Torfwirtschaft mit gemalter Kassettendecke und aufwendigem, schablonierten Fries. Alle Gasträume sind mit einer Lamperie versehen, einer Holzverkleidung der unteren Wandhälfte.

In der Kabinettausstellung »Urlaub vom Alltag« findet sich diese Postkarte von Dickenreis am südlichen Stadtrand von Memmingen. Das Hauptgebäude im Vordergrund steht zwar noch, aber der alte Glanz ist längst verflogen und die Gesamtanlage zerstört.

gehend mit ➡ **Schablonenmalereien** versehen. Die Muster entsprechen genau den originalen Fassungen. Im Wohnzimmer der Wirtsleute ist sogar der Fußboden bemustert, und im Nebenzimmer kann man an der Rosenbordüre und der gemalten Kassettendecke sehen, zu welchen Leistungen das Malerhandwerk im Stande war.

Im Obergeschoss befinden sich Schlafkammern und zwei Kabinettausstellungen zu den Themen »Torfstechen im Bremental« und »Ausflugslokale in Schwaben«. Das Untergeschoss beherbergt Räume, die für den Gaststättenbetrieb notwendig sind. Auch am Originalstandort war das Gebäude unterkellert.

Eine kurze Darstellung der Geschichte der Torfwirtschaft bis hin zu ihrer Versetzung in das Museum finden Sie im Erdgeschoss. Und wenn Sie wollen, können Sie dort per Knopfdruck neben anderen Wirtshausliedern auch das »König-Ludwig-Lied« hören, das Otto Hamp und seine Gäste so gerne gesungen haben.

Salettle
Kegelbahn
Beton-«Dachziegel«

Kegelbahn Volkratshofen

Herkunft	Volkratshofen, Stadt Memmingen
Erbaut	1920
Präsentationszeit	1920
Grundfläche (ca.)	Salettchen 8,00 m x 6,00 m
	Bahn 20,00 m x 2,00 / 2,70 m = 90 m²
Museale Nutzung	seit 2002
Einrichtung	Gastraum mit Kegelbetrieb (auf Anfrage in der Torfwirtschaft)

In der Zeit gegen 1900 entwickelten sich Gasthäuser auf dem Land häufig zu Ausflugslokalen. Entscheidend dafür waren die schöne Lage und das Unterhaltungsangebot. Gut erreichbar gelegen vor den Toren der Stadt, in romantischer Umgebung im Wald oder am Weiher, lockten sie die Ausflügler aus nah und fern zu einem kleinen Urlaub vom Alltag. Reisen ins Ausland waren damals für die meisten unerschwinglich, so dass man Geselligkeit, Erholung und Unterhaltung in der näheren Umgebung suchte.

◁ *Leistenwerk der Kegelbahn, mit Ölfarbe farbig gefasst*

Kegelbahn Volkratshofen

Nicht nur am Tag der Volksmusik im Bauernhofmuseum - am zweiten Sonntag des Juli - ist das luftige »Salettle« der Kegelbahn ein beliebter Treffpunkt.

Großen Unterhaltungswert bot natürlich eine Kegelbahn, die als eigenständiges Bauwerk den Biergarten ergänzte. Bestehend aus der überdachten Bahn und einem hübschen Pavillon, dem sogenannten Salettle (von italienisch *saletta* = kleiner Saal), war sie der Garant unterhaltsamer Stunden. Man konnte - geschützt vor Sonne und Regen - gemütlich sitzen und eine ruhige Kugel schieben, wenn man an die Reihe kam.

Auch zur »Torfwirtschaft Otto Hamp« gehörte eine Kegelbahn. Diese konnte allerdings nicht ins Museum übernommen werden. An ihre Stelle trat die Kegelbahn aus Volkratshofen, welche zu einem stattlichen Gasthaus - wenige Kilometer von Memmingen entfernt - gehörte.

Das Gebäude ist ein einfacher Ständerbau mit ➡ **Pfettendach**. Bemerkenswert ist die ➡ **Dachdeckung** mit Beton«ziegeln«, die bereits vor 1900 aufkamen und auffällig häufig Kegelbahnen bedeckten. Einzelne der hier verwendeten Ziegel stammen bereits aus dem Jahr 1898.

Das »Salettle« der Kegelbahn aus Volkratshofen wurde im Ganzen ins Bauernhofmuseum transportiert.

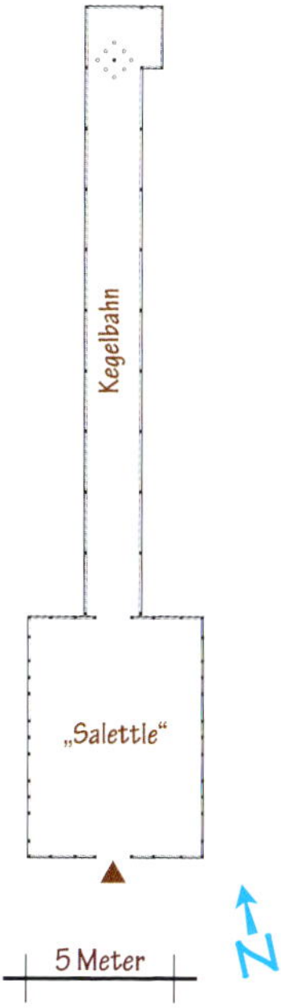

Die verspielte Gestaltung der Wände mit schrägen und kreuzweise angenagelten Leisten entspricht dem damaligen Zeitgeschmack. Viele Kegelbahnen und Gartenhäuschen wurden in dieser Art gebaut. Die Klarinettenspieler im Giebel sind allerdings eine über das Normalmaß hinausgehende Zierde.

Wenn Sie selbst einmal auf der Bahn kegeln wollen, so dürfen Sie das gerne tun. Allerdings sind gewisse Ruhezeiten, die Ihnen die Wirtsleute nennen, einzuhalten.

Am Ende der Bahn ist das Gebäude verbreitert, damit der Aufsteller (oft ein Kind) Schutz fand vor den heranrollenden Kugeln und stürzenden Kegeln .

Das Bauernhofmuseum hält alte Haustierrassen, um seinen Besuchern einen Eindruck von der Tierwelt auf dem alten Bauernhof zu geben und einen Beitrag zum Erhalt alter Haustierrassen zu leisten.

Die beiden Pferde des Museums gehören nach heutigem Sprachgebrauch zur Rasse »Süddeutsches Kaltblut«. Es sind Noriker (Oberländer Kaltblut), die ihren Namen der ehemaligen römischen Provinz Noricum, etwa dem heutigen Kärnten in Österreich, verdanken. Die edlen, mittelschweren Kaltblüter werden erstmals in einem bischöflichen Erlass von 1565 erwähnt. Der geduldige Oberländer Noriker wird in alpinen Regionen zur Bewirtschaftung von Steilflächen, in der Waldnutzung als sogenanntes Rückepferd, und außerdem natürlich als Gespannpferd eingesetzt. Seine Eleganz und sein ruhiges Temperament machen ihn zu einem vielseitigen und beliebten Freizeitpferd.

Das Allgäuer Original Braunvieh war über Jahrhunderte hinweg im Voralpen- und Alpengebiet verbreitet. Die einst für ihre

△ *Die Rösser des Museums auf dem Weg zum Einsatz*
◁ *Ciktaschafe im Museumsgelände*

Allgäuer Original Braunvieh mit Gurtenzeichnung

Genügsamkeit und hohe Milchleistung bekannte Rasse stammt vom ältesten europäischen Hausrind, dem Torfrind ab. Mittlerweile befindet sich das Allgäuer Original Braunvieh auf der Liste der stark vom Aussterben bedrohten Rinder in Bayern. Seit 1995 nimmt sich ein Zuchtverein der Erhaltung dieser Rasse an. Die gurtartige hellere Pigmentierung rings um Bauch und Rücken, welche einige der Rinder im Museum tragen, ist kein Rassemerkmal, sondern eine Laune der Natur. Ansonsten sind die Tiere durchgehend hell- oder dunkelbraun gefärbt.

Im Herbst 2000 konnte das Schwäbische Bauernhofmuseum ein paar Ciktaschafe, welche direkte Nachfahren des Zaupelschafes sind, aus Ungarn einführen. Das Zaupelschaf war im Mittelalter die Schafrasse Mitteleuropas. Um 1940 soll in Bayern das letzte Zaupelschaf gesehen worden sein. Am Anfang des 18. Jahrhunderts gelangten Zaupelschafe mit schwäbischen Auswanderern nach Ungarn, wo sie sich als Ciktaschafe in wenigen Exemplaren erhalten haben. Somit sind die Tiere 300 Jahre nach ihrer Ausreise in ihre angestammte Heimat zurückgekehrt.

Das robuste Schwäbisch-Hällische Schwein stammt vom keltisch-germanischen Schwein ab. Ende des 18. Jahrhunderts wird das »Hällische Landschwein« zum ersten Mal urkundlich erwähnt. Da Hals, Beckengegend, Oberschenkel, Schwanz und

Gockel und Henne der gefährdeten einzigen bayerischen Hühnerrasse »Augsburger Huhn«

vor allem der Kopf schwarz gefärbt sind, werden die Tiere auch als »Mohrenköpfe« bezeichnet. In der Bundesrepublik gibt es heutzutage ca. 150 eingetragene Zuchtsauen und 15 Eber.

Das Augsburger Huhn ist die einzige bayerische Hühnerrasse. Sie wurde um 1880 in der Augsburger Gegend aus italienischen Lamotta- und französischen La Flèche- Hühnern gekreuzt. Das schwarz glänzende, grünlich schimmernde Augsburger Huhn trägt als besonderes Merkmal einen Becher- oder Kronenkamm (früher: Augsburger Kamm). Diese Rasse gilt heute als extrem gefährdet; 2002 zählte man offiziell nur noch etwa 120 Tiere.

Neben diesen Haustieren hält das Museum Kaninchen (Deutsche Widder), Gänse (Bayerische Landgans) und Ziegen.

So hat es nicht nur das Schwäbisch-Hällische Schwein am liebsten.

Der Bauer, der heute Getreide anbaut, sät nicht mehr den Weizen, den noch sein Großvater kultivierte. Die Bohnen, die wir heute im Supermarkt oder auf dem Wochenmarkt kaufen, sind in den meisten Fällen nicht mehr die Sorte, die vor weniger als 50 Jahren noch gebräuchlich war. Und will man eine Apfelsorte sehen, die schon vor 150 Jahren den Kindern schmeckte, bleibt nichts anderes als der Weg ins Museum.

Das Bauernhofmuseum zeigt auf seinem Gelände nicht nur eingerichtete Häuser, sondern baut auch verschiedene historische Kulturpflanzen an. In der Baugruppe Mittelschwaben ist ein Bereich dem Anbau von - vorwiegend - Getreide vorbehalten. Die Äcker werden nach der verbesserten Dreifelderwirtschaft bestellt, d. h. im ersten Jahr wächst auf einer Parzelle Wintergetreide (Aussaat im Herbst, Ernte im folgenden Jahr), im nächsten Jahr wird darauf Sommergetreide angebaut (Aussaat im Frühjahr, Ernte im gleichen Jahr) und im dritten Jahr werden Hackfrüchte oder Klee ausgebracht, damit sich der Boden erholen kann. Nach

△ *Grannenweizen Graf Törring II*
◁ *Rinde eine alten Eiche*

Der Flachs (Lein) hatte bis ins 19. Jahrhundert eine große Bedeutung als Faserpflanze für Leinenstoffe. Manchmal spricht man unter Bezug auf die Blütenfarbe vom einst »blauen Allgäu«.

der einfachen Dreifelderwirtschaft folgte auf das Sommergetreide eine Brache. Im vierten Jahr beginnt dieser Anbauzyklus von neuem. Die drei Felder im Museum können durchaus als Beispiel für die alte Dreifelderwirtschaft gelten. Die Ackerfläche eines Dorfes war in drei Ösche eingeteilt: Winter-, Sommer- und Brachösch. Die Ösche wurden dem Namen entsprechend bewirtschaftet. Jeder Bauer brauchte also mindestens drei Äcker, welche in den verschiedenen Öschen zu liegen hatten, damit er in jedem Jahr säen und ernten konnte.

Viele der im Museum angebauten Sorten wurden aus Kleinstmengen von Körnern vermehrt, die von Genbanken und ähnlichen Einrichtungen stammen, so dass mittlerweile ganze Äcker bestellt werden können. Zu den regelmäßig im Museum angebauten Nutzpflanzen gehören auch Flachs und Hanf zur Fasergewinnung. Aus Flachs gewinnt man Leinen, aus Hanf die Fasern für Seile.

Die zu den Häusern gehörenden Bauerngärten bilden für viele Besucher einen großen Anziehungspunkt. Denn hier ist zu sehen, in welcher Vielfalt und Mischung (Gemüse, Blumen, Heilkräuter) diese kleinen Reiche gepflegt und gehegt wurden. Die Pflanzen sind mit Steckschildern bezeichnet. Es wird versucht, die Gärten

Gewürzluiken in der Baugruppe Mittelschwaben.

entsprechend der Zeitstellung der zugehörigen Häuser zu bepflanzen. In den Gärten der Sölde Honsolgen (Nr. 25) oder des Bauernhauses Meßhofen (Nr. 26a) finden Sie relativ alte Arten, während im Garten des Nattererhofes (Nr. 20a) mit seiner Zeitstellung um 1960 durchaus Tomaten gedeihen dürfen, die bei uns seit den 30er Jahren des 20. Jahrhunderts allmählich aufkamen.

Was das Bier für Bayern war, bedeutete der Most für Schwaben. Gewonnen aus Äpfeln und Birnen erfrischte er Generationen von Bauern - heute ist er fast nur noch ein Getränk von Liebhabern. Die Obstbäume säumten einst die Straßen, an den Ortsrändern befanden sich die Obstwiesen. Aber nicht nur die Obstbäume sind weniger geworden, auch viele Sorten sind in Vergessenheit geraten. Das Bauernhofmuseum pflanzt im Rahmen der Museumserweiterung immer wieder Obstsorten, die bereits vor hundert Jahren bekannt waren und kultiviert wurden.

Und weil das Museumsgelände schon seit Jahren nicht mehr dem Zwang intensiver moderner Nutzung unterliegt, gedeihen hier und da Wildkräuter und Pflanzen, die Sie auf den heutigen landwirtschaftlichen Nutzflächen nicht mehr antreffen.

Eine Hausversetzung ist nicht einfach, und es geht dabei nicht allein um technische Belange. Allein die Bestimmung eines Gebäudes zur Versetzung erfordert viel Sachverstand und Erfahrung. Die einzelnen Arbeitsschritte, deren Abfolge durchaus variieren kann, sollen im folgenden kurz geschildert werden.

Archivalische Recherche

Die Nachforschungen in Archiven und die Befragung von Zeitzeugen dienen dazu, die Geschichte des Hauses und seiner Bewohner zu erkunden. Damit werden Einzelheiten der Hausgeschichte offenbar, und es zeigt sich im Vergleich mit vorhandenen Erkenntnissen, ob das Anwesen typisch für die Region ist oder eine Besonderheit darstellt.

Altersbestimmung des Gebäudes und einzelner Bauteile

Zur Bestimmung des genauen Alters eines Hauses, von Umbauphasen und einzelnen Bauteilen, kommt die Methode der Dendrochronologie zum Einsatz. Mit ihr kann auf relativ einfache Weise das Fälldatum von Hölzern bestimmt werden. Da in früheren Zeiten das Holz für den Bau im Winter gefällt und gleich anschließend behauen und verbaut wurde, können Baudaten auf das Jahr genau festgelegt werden.

Die Dendrochronologie macht sich das jährlich unterschiedliche Wachstum der Bäume zunutze. Die einzelnen Jahresringe der Bäume weisen stets unterschiedliche Breiten auf und ergeben eine typische Abfolge. Durch eine Vielzahl von Untersuchungen gelangt man zu regional typischen Standardabfolgen. Will man nun das Fälldatum eines Balkens bestimmen, gibt man eine Bohrprobe oder eine Scheibe des Balkens (mit Waldkante bzw. Rinde, um den letzten Jahresring zu haben) in ein entsprechendes Labor.

◁ *Die Decken aus dem Bauernhaus Siegertshofen sind bereits entfernt, man sieht den senkrechten Sägeschnitt, der über zwei Etagen läuft. Die Außenwände wurden in ihrer kompletten Höhe transferiert.*

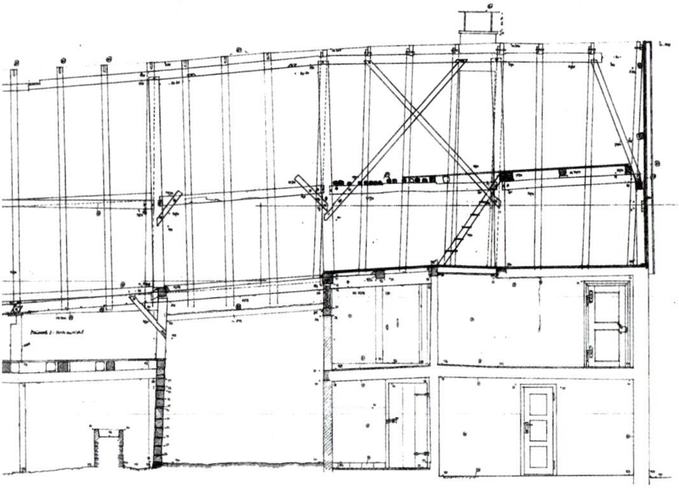

Längsschnitt durch das Bauernhaus Siegertshofen. Im Plan rechts oben sieht man an der kurzen Firstpfette mit Strebe deutlich, dass das Dach mit einem Halbwalm versehen war.

Dort wird die Breitenabfolge der Jahresringe ermittelt und mit der Standardabfolge verglichen. Die Abfolge der Probe wird sozusagen auf der Standardabfolge verschoben und dort, wo beide übereinstimmen, kann schließlich das Alter abgelesen werden.

Zeichnerische und fotografische Dokumentation des Gebäudes
Zur Dokumentation des Gebäudes vor dem Abtrag wird das Gebäude vermessen und detailliert aufgezeichnet. Es entstehen Grundrisse wie bei einem üblichen Bauplan, aber auch die Ansichten aller Wände und Decken werden festgehalten. Im Unterschied zu einem Bauplan, der im Grunde nur gerade Linien kennt, wird bei dem »verformungsgerechten Aufmaß« das Gebäude so schief und krumm gezeichnet wie es tatsächlich ist.

Die verformungsgerechte Bauaufnahme dokumentiert das Gebäude in seinem letzten Zustand vor der Versetzung, zudem

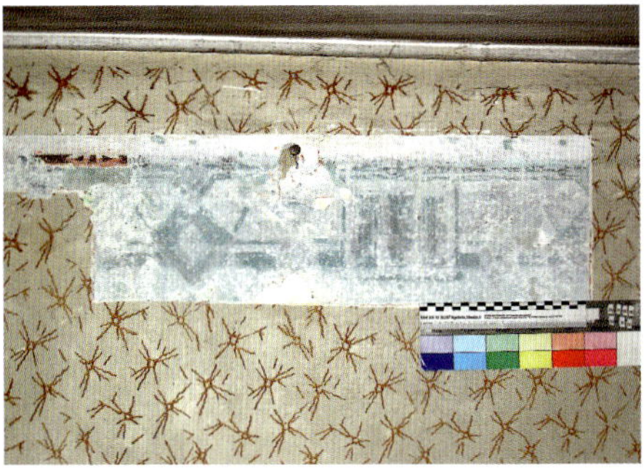

Restauratorische Befunduntersuchung: Unter einem Walzenmuster einer Innenwand sind verschiedene frühere Schablonierungen freigelegt.

sind die Pläne die Voraussetzung für einen fachgerechten Abtrag und Wiederaufbau. Die fotografische Dokumentation vervollständigt die Beschreibung des Gebäudes vor dem Abbau.

Restauratorische Befunduntersuchung

Ein Gebäude ist für das Museum und für die Museumsbesucher nur dann wirklich interessant, wenn seine Geschichte möglichst umfassend bekannt ist. Bereits die archivalischen Forschungen und die Befragung von Zeitzeugen dienen der Erhellung der Hausgeschichte. Bei der restauratorischen Befunduntersuchung geht es insbesondere darum, die Baugeschichte des Hauses zu erfahren und zu dokumentieren.

Der Befundrestaurator erforscht durch Freilegungen und Sondierungen die Veränderungen, die am Gebäude während seiner gesamten Standzeit durchgeführt wurden. Er stellt fest, wann beispielsweise eine neue Wand eingezogen oder eine andere weggenommen wurde. Er findet heraus, mit welchen Farben und mit welchem Dekor die Wände versehen waren.

Um beispielsweise die Farbgebung der Wände über die Jahre hinweg festzustellen, legt er an aussagekräftigen Stellen Stratigrafien an. Weil in der Vergangenheit die Wände mit Kalk unter der Zugabe eines Farbpigments immer wieder überstrichen wurden, man die alte Farbe also nie entfernte, sind grundsätzlich alle Farbschichten erhalten.

Blick auf die archäologische Grabung »Sölde Honsolgen« (Nr. 25).

Findet der Restaurator Bemalungen oder Farbmuster, legt er großflächiger frei, um das Muster insgesamt zu erkennen. Neben handwerklichem Geschick spielt die Erfahrung eines Restaurators eine große Rolle, denn er muss wissen, wo er zu suchen hat.

Die restauratorische Befunduntersuchung zeigt also auf, wann und wie das Haus baulich verändert wurde und wie die Oberflächen in der jeweiligen Zeit gestrichen oder bemalt waren.

Archäologische Sondierung

Meist gehört zu den Untersuchungen des Baues auch eine archäologische Grabung, um Veränderungen im Bereich von Ofen und Herd oder auch Wänden festzustellen. Mitunter bringt die Grabung, wie bei der Sölde Honsolgen (Nr. 25), überraschende Befunde und Funde zu Tage.

Gebäudeabtrag

Wird ein Gebäude in das Museum übertragen, ist mit höchster Priorität darauf zu achten, dass das Haus möglichst vollständig übernommen wird. Nicht nur das tragende Gebälk oder die einzelnen Fenster und Türen sind von Interesse, sondern auch der Verputz und die sich darauf befindenden Farbschichten. Denn ein Architekturobjekt in einem Museum ist nicht nur ein schönes, restauriertes Gebäude, sondern ein Dokument oder eine Urkun-

Das Dach ist entfernt, nun warten die gesicherten Außenwände des Bauernhauses aus Siegertshofen auf die Verladung.

Die Decken werden waagrecht transportiert. Die Ladung hat Überbreite und wird in der Nacht unter Polizeibegleitung nach Illerbeuren gebracht.

Nicht immer herrscht bei der Gebäudeübertragung schönes Wetter. Hier kommt im Regen der Schweinestall aus Lauben »am Stück« im Bauernhofmuseum an und wird auf vorbereitete Fundamente gesetzt. Das Bauteil wog etwa 27 Tonnen.

de. Auch wenn es wieder aufgebaut ist, muss man an ihm immer wieder Untersuchungen vornehmen können, um Antworten auf neue Fragestellungen zu finden. Das bedeutet, dass das Gebäude in möglichst großen Teilen abgetragen und wieder zusammengefügt werden muss. In Bereichen, wo die Zerlegung in Einzelteile - etwa beim Dachstuhl - keine Substanz zerstört, kann dieser Weg problemlos beschritten werden.

Bevor mit dem praktischen Abtrag begonnen wird, werden alle Teile nummeriert und die Nummern in Pläne eingetragen. Hierbei wird bereits vorläufig entschieden, welche Teile nicht übernommen werden. Das sind üblicherweise diejenigen, welche aus der Zeit nach dem im Museum vorgesehenen Zeitschnitt stammen.

Das Haus wird also in große Stücke zerteilt oder gar zersägt, die Einzelteile verschalt und gesichert, um dann mit schwerem Hebegerät verladen und ins Museum transportiert zu werden.

Sölde Siegertshofen: Manche der Fußbodenbretter mussten ersetzt bzw. ergänzt werden; man nimmt dazu neues Holz. Die Möbel der Häuser sind in der Regel nicht mehr erhalten; deshalb bestückt man die Räume aus der Sammlung des Museums.

Wiederaufbau

Grundlage des Wiederaufbaus im Museum ist aus konservatorischen Überlegungen meist eine Betonplatte. Die Einzelteile werden wieder in die richtige Lage gebracht - Höhenangaben und dergleichen sind auf der Verschalung der Ganzteile markiert, damit sie in der Schalung an die richtige Stelle gerückt werden können. An den Fugen der Trennung werden die Teile wieder fest zusammengefügt. Das kann beispielsweise bei Ziegelwänden durch Einbringen und Vergießen größerer Nuten geschehen.

Nach der Herstellung des gewünschten und aus den Forschungen belegten Bauszustandes werden schließlich die Oberflächen gemäß den restauratorischen Befunden gestaltet. Und da die Häuser in der Regel keine Einrichtung bzw. keine zeitlich passende Einrichtung haben, kommt die Ausstattung aus den Archiven des Museums hinzu.

Laufende Projekte

Gebäude für das Bauernhof-museum an ihren ursprünglichen Standorten.
Oben: »Behelfsheim« Gesertshausen
Mitte: Bauernhaus Engenberg
Unten: Kapelle Luttenried

Das Bauernhofmuseum befindet sich im Ausbau. Es kommen immer wieder neue Gebäude und Abteilungen hinzu, so dass der Museumsführer, den Sie in Händen halten, zwangsläufig rasch veraltet. Da es aus verschiedenen Gründen nicht möglich ist, das zukünftige Museum oder die anstehenden Projekte vorausschauend zu beschreiben, erhalten Sie, wenn Neuigkeiten zu vermelden sind, an der Museumskasse entsprechende Einlegeblätter. Und bei jeder Neuauflage wird der Museumsführer selbstverständlich aktualisiert. Hier folgen ein paar Hinweise auf Gebäude, die in absehbarer Zeit zum Museum gehören werden.

Behelfsheim Gessertshausen

Mit dem »Behelfsheim« aus dem wenige Kilometer südwestlich von Augsburg gelegenen Gessertshausen thematisiert das Bauernhofmuseum Auswirkungen des Zweiten Weltkriegs. Nach der Bombardierung Augsburgs im Jahr 1944 erbaute sich eine betroffene Familie als Ersatz für ihr zerstörtes Haus in genügendem Abstand von der Stadt ein größeres Gartenhaus als Wohnstätte. Dieses wird in der Baugruppe Mittelschwaben, etwas am Rand liegend, seinen Platz finden.

Bauernhaus Engenberg

Aus dem Westallgäu kommt das Bauernhaus aus Engenberg ins Bauernhofmuseum. Es ist ein typischer, großer Allgäuer Einödhof aus dem Jahr 1805. Er wird in der Baugruppe »Alpine Region«, die bislang noch nicht zu besichtigen ist, eine neue Heimat finden.

Kapelle Luttenried

Die Kapelle aus Luttenried im Ostallgäu wird das Zentrum der Baugruppe »Alpine Region« bilden. Das kleine Kirchlein, das zu ein paar Bauernhöfen gehörte, ist ein Fachwerkbau mit Lehmausfachung. Die Kapelle konnte mit der gesamten Einrichtung - Dank an den Kapellenverein Luttenried-Pflaubaumen - übernommen werden.

Laufende Projekte

Bauernhaus Weicht
Aus der Gemeinde Jengen im Ostallgäu stammt ein Bauernhof aus dem 17. Jahrhundert, der für die Baugruppe »Alpenvorland« vorgesehen ist. Der ursprüngliche Ständer-Bohlenbau besitzt ein flachgeneigtes Dach und weist einige interessante Details auf.

Bienenhaus Kempten
Am Stadtrand von Kempten stand ein prächtiges Bienenhaus, das in die Baugruppe »Alpenvorland« integriert werden wird.

Söldenanwesen Gundremmingen
Ein kleines Anwesen aus Gundremmingen im Donautal, bestehend aus einem kleinen eingeschossigen Wohnhaus und einem Stadel mit Stall, wird das erste Gebäude der Baugruppe Nordschwaben werden.

Sennerei Unterbetzisried
In der Nähe von Ottobeuren konnte das Bauernhofmuseum eine Genossenschaftssennerei abtragen. Die Einrichtung war nicht mehr erhalten, aber es konnte die komplette Ausstattung aus einer absolut vergleichbaren Sennerei aus dem Oberallgäu übernommen werden. Sowohl die Sennerei in Unterbetzisried als auch die im Oberallgäu gehörte jeweils zu ein paar verstreut liegenden Höfen, und so wird die museale Sennerei in ähnlicher Lage bei den Baugruppen »Alpine Region« und »Alpenvorland« wieder aufgebaut werden.

◁ *Gebäude für das Bauernhofmuseum an ihren ursprünglichen Standorten.*
Oben: Bauernhaus Weicht
Mitte: Bienenhaus Kempten
Unten links: Söldenanwesen Gundremmingen während des Abtrags
Unten rechts: Genossenschaftssennerei Unterbetzisried

Zur Ergänzung der ständigen Präsentationen bietet das Bauernhofmuseum eine breite Palette von Ergänzungen, wie Führungen, Sonderausstellungen oder Aktionstage an, die kurz vorgestellt werden sollen.

Sonderausstellungen
Das Bauerhofmuseum zeigt pro Jahr zwei bis drei Sonderausstellungen, die sich meist regionalen kulturgeschichtlichen Themen widmen. Vielfach erscheint zu den Ausstellungen ein Begleitband, der die Ausarbeitungen über die Laufzeit der Ausstellung hinaus festhält. Die Begleitbände machen den Großteil der Publikationen des Bauernhofmuseums aus. Die Präsentationen werden im Sonderausstellungsraum im Neubauerhof (Nr. 19a) gezeigt.

Führungen
Führungen durch das Museum müssen vorab gebucht werden. Dabei kann aus durchaus unterschiedlichen Angeboten gewählt werden. Neben allgemeinen Führungen durch das Museum oder durch Teilbereiche gibt es thematisch ausgerichtete Rundgänge, sogenannte Themenführungen, die kleine Vorführungen und Mitmachaktionen beinhalten. Die meisten Führungen sind auch in Fremdsprachen zu buchen. Neben diesen Rundgängen gibt es über das Jahr verteilt zu feststehenden Zeiten Spezialführungen.

Museumspädagogik
Das Bauernhofmuseum bietet derzeit über ein Dutzend pädagogische Programme, sogenannte Museumstage an, die natürlich vorab zu buchen sind. Ein solcher Museumstag ist eine Kombination aus Führung, Wissensvermittlung und Praxisteil. Die Dauer eines Museumstages schwankt zwischen zwei und viereinhalb Stunden. Dieses Angebot richtet sich vornehmlich an Schul-

◁ *Das Kinderfest Anfang August bietet eine bunte Mischung aus altbewährter Unterhaltung und immer wieder neuen Überraschungen.*

Im Rahmen der Handwerkertage zeigt der Kesselflicker seine Kunst und begeistert das staunende Publikum.

klassen, und so haben die Programme stets Bezüge zu den Lehrplänen. Zu allen Programmen gibt es ausführliches Informationsmaterial. Die Themen sind je nach Alter und Interesse variierbar und nicht nur für Schulklassen, sondern je nach Absprache auch für Kindergärten, Betriebs- und Freizeitgruppen geeignet.

Vorführungen

Die Häuser und Höfe des Museums und ihre Ausstattung, die Werkzeuge, Geräte und Maschinen dienen der Anschauung und sind nicht zur Benutzung gedacht. Es sind archivierte Sachen, die der Nachwelt erhalten bleiben sollen. Deshalb hält sich die Nutzung und Inbetriebnahme der Objekte in sehr engen Grenzen.

Derzeit gehen jeweils am zweiten Sonntagnachmittag im Monat das Wasserpumphaus Reicholzried (Nr. 21) und die Mechanische Werkstatt Johann Nepomuk Doser (Nr. 24) für Vorführzwecke in Betrieb, nicht zuletzt, um die Maschinenlager gängig zu halten. Am zweiten Wochenende im September wird

Die museumspädagogischen Angebote sind auf die Lehrpläne abgestimmt; sie reichen vom Brot backen bis zum Rollenspiel.

das Museum allerdings zu einem Ort regen handwerklichen Treibens. Auf den Handwerkertagen zeigen seit Jahrzehnten mehr als 70 Akteure alte Handwerkskunst.

Aktionstage und Feste

Über das Jahr verteilt veranstaltet das Museum verschiedene Aktionstage und Feste, für die das reizvolle Museumsgelände einen einmaligen Hintergrund abgibt. Manche der Veranstaltungen haben einen festen, gleich bleibenden Termin, wie der Tag der Volksmusik am 2. Sonntag im Juli, das Kinderfest am 1. Sonntag im August, der Obsttag am 1. Oktobersonntag oder die bereits genannten Handwerkertage am 2. Wochenende im September.

Das Museum ist auch eingebunden in kirchliche Bräuche. Palmweihe, Kräuterweihe und die Segnung der Pferde am Leonhardiritt finden vor der Kapelle im Museum statt.

Essen und Trinken

Im Museum laden zwei Gaststätten mit Biergarten zum Ausklang oder zur Unterbrechung der Besichtigung ein. Die »Torfwirtschaft Otto Hamp« (Nr. 27a) hat die gleichen Öffnungszeiten wie das Museum; das Gasthaus »Gromerhof« (Nr. 8a) hat auch abends geöffnet und kann unabhängig von einem Museumsbesuch betreten werden.

Austragshaus
...
Wiederkehr

Austragshaus, Austrag

Wenn der Bauer aufs Altenteil bzw. in den Austrag ging, also den Hof an seine Nachfolger übergab, wurden die Ansprüche der Altbauern genau geregelt. Meist ging es dabei um Wohnrechte und die materielle Versorgung: Essen, Trinken, Kleidung. Gab es auf dem Hof ein eigenes kleines Wohnhaus für die Alten, nannte man dieses Austragshaus. Oft stand den Austräglern nur ein Raum im Bauernhaus zur Verfügung.

Der Begriff Austrag geht auf das »Austragen« der alten Besitzer aus den Büchern zurück.

Blockbau

Beim Blockbau werden die Wände durch waagrecht liegende, an den Ecken verbundene, wandstarke Hölzer gebildet. Es gibt **keine** tragenden senkrechten Ständer. Für die Eckverbindung wurden die verschiedensten Techniken entwickelt; die nebenstehende Skizze zeigt nur eine der vielen Möglichkeiten. Der Blockbau ist in unserem Einzugsbereich nur im Alpenraum und Alpenvorland verbreitet. Im Allgäu bezeichnet man Bauten in Blockbauweise als »gestrickte« Häuser.

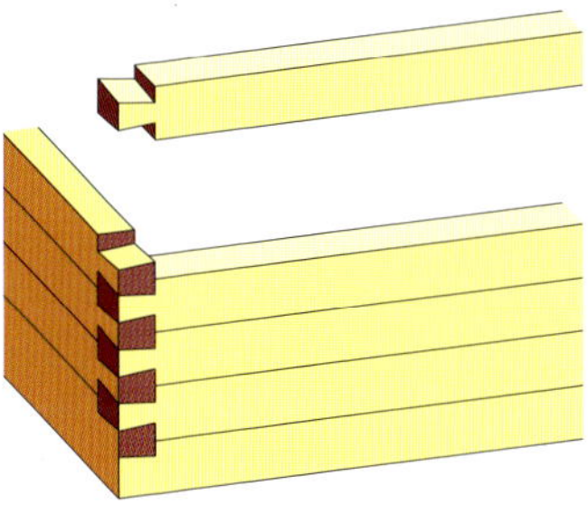

Dachdeckung

Zur Dachdeckung benutzte man in der Vergangenheit Materialien, die in der Gegend verfügbar waren: Holz, Stroh, Stein und gebrannter Ton. Später kamen Metalle und nicht zuletzt Beton hinzu. In Schwaben verwendete man das Holz im Süden, das Stroh in der Mitte und im Norden, Steine im Norden im Einzugsbereich Solnhofens, und die Ziegel verbreiteten sich im Laufe

◁ *Ständer-Blockbau, Arlesrieder Pfarrstadel (Nr. 2)*

Reparaturarbeiten am Strohdach der Sölde Honsolgen (Nr. 25). Durch die kurzen Leitern, die am oberen Ende mit großen Haken versehen sind, welche durch die Strohdecke reichen und in der Lattung einhaken, findet der Dachdecker überall auf dem Dach festen Stand.

der Zeit in ganz Schwaben. In der zweiten Hälfte des 19. Jahrhunderts kam vor allem im Süden, wo es flachgeneigte Dächer gab, verzinktes Blech zum Einsatz. Bereits um 1900 verwendete man mitunter aus Beton gefertigte Dach-»ziegel«. Die Deckung mit Holz (Legschindeln) und Steinplatten ist nur auf flachgeneigten Dächern möglich. Stroh und alle Ziegel erfordern eine steilere Dachneigung. Im Bauernhofmuseum können Sie - ausgenommen die Steinplattendeckung - alle genannten Arten sehen.

Die traditionelle Form der Dachziegel sind die Mönch-und-Nonne-Ziegel bzw. die flachen Biberschwänze Die heute üblichen Falzziegel

Nonnenziegeldach

Mönch und Nonne Dachdeckung

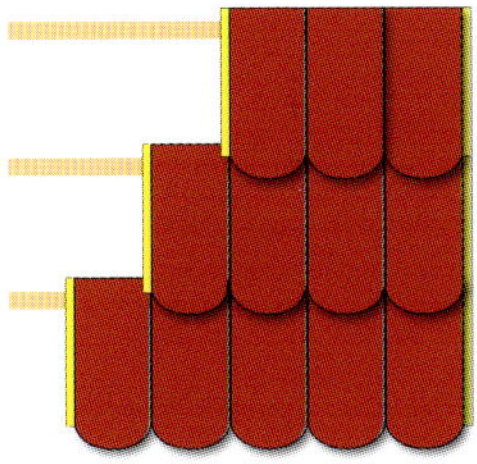

Einfache Biberschwanzdeckung

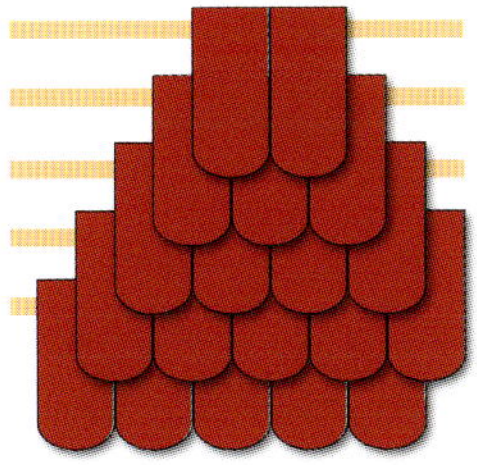

Doppelte Biberschwanzdeckung

kamen im 19. Jahrhundert auf. Bei der Deckung mit Biberschwänzen unterscheidet man doppelt bzw. einfach gedeckte Dächer. Bei der Doppeldeckung liegen die Ziegel versetzt und doppelt übereinander, so dass die seitliche Fuge zwischen den Ziegeln von der darüberliegenden überdeckt wird. Bei der einfachen Deckung wird das durch die seitlichen Fugen eindringende Wasser durch darunter liegende Holzschindeln abgeleitet. Die Mönch-und-Nonne-Ziegel haben etwa die Form halber Röhren, wobei der konvexe »Mönch« die konkave »Nonne« überdeckt. Im nördlichen Schwaben - heute noch in Nördlingen zu sehen - gibt es auch reine »Nonnenziegeldächer«, bei denen die Fugen vermörtelt werden.

Mittertennhaus, Mitterstallhaus

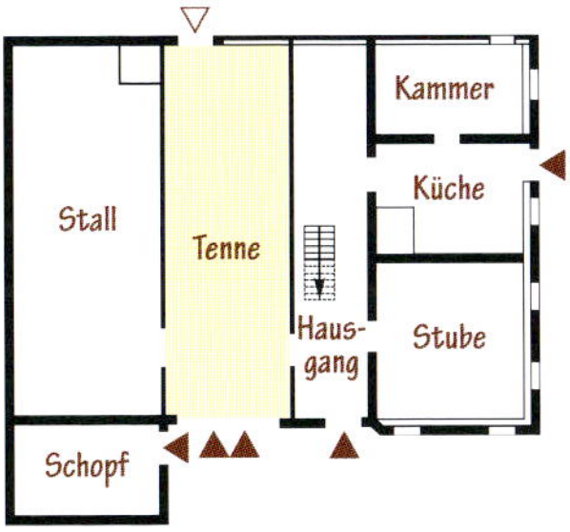

Grundriss der Sölde aus Honsolgen (Nr. 25).

Das Mittertennhaus ist ein Hoftyp, der in Schwaben in einem breiten Landschaftsstreifen von Memmingen bis Buchloe / Kaufbeuren vorherrschend war. Das traufseitig erschlossene Gebäude wird von der durchgehenden Tenne in einen Wirtschafts- und einen Wohnteil getrennt. Parallel zur Tenne verläuft der

Hausgang, und an der Giebelseite reihen sich von Süden nach Norden Stube, Küche und Kammer oder Speisekammer. Mit der Vergrößerung des Viehbestandes im 19. Jahrhundert vertauschten oft Tenne und Stall ihren Platz, so dass das Mitterstallhaus entstand.

Pfetten- oder Rafendach

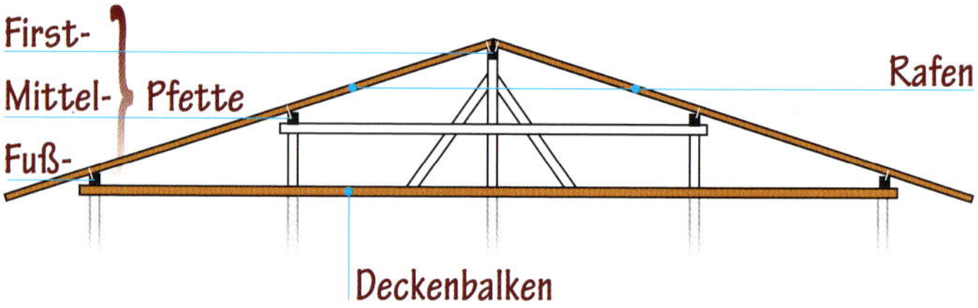

Das Pfetten-oder Rafendach eignet sich für alle gängigen Dachneigungen; es ist die heute übliche Dachkonstruktion. Die Rafen liegen auf den längs des Hauses laufenden Pfetten auf. Sie sind lediglich durch Kerben und Nägel (früher hölzerne Nägel in vorgebohrten Löchern) gegen das Herabrutschen gesichert.

Schablonenmalerei

Besonders seit der Mitte des 19. Jahrhunderts werden Schablonenmalereien, die es bereits weit früher vereinzelt gab, überaus beliebt. Mittels Schablonen werden Friese an die Wände gemalt, ja ganze Wände und mitunter auch Fußböden mit Mustern überzogen. Man benötigte für jede Farbe eines Musters eine Schablone. Bei einfarbigen Mustern gab es also einschlägige Schablonen, vierfarbige Muster waren vierschlägig, man brauchte also vier Schablonen für ein Mus-

Schablonen für die dekorative Bemalung von Wänden

ter. Besonders viele Schablonierungen finden Sie in der Torfwirtschaft (Nr. 27a); der Fries im Nebenzimmer der Gaststube wurde mit sieben Schlägen hergestellt.

Solnhofener Platten

Der in Mittelfranken bei Solnhofen vorkommende Kalkstein wird seit Jahrhunderten als Bodenbelag verwendet. Er entstand durch schichtweise Ablagerungen. Diese Schichten lassen sich leicht trennen, so dass auf einfache Weise dünne Platten zu gewinnen sind.

Im fränkischen und schwäbischen Jura deckte man sogar Dächer mit dünnen Steinplatten aus Solnhofen. Es ist das gleiche Material, das bei der Lithografie, dem Steindruck (1796 von Alois Senefelder erfunden) Verwendung findet.

Ständerbau

Beim Ständerbau tragen die vom Boden bis zum Dach reichenden Säulen (der Ständer) die ganze Last des Gebäudes. Reichen die Ständer jeweils nur über ein Stockwerk, so spricht man von der Ständer-Rähm-Bauweise bzw. dem Geschossbau. Auch Fachwerkhäuser sind Ständerbauten.

Ständer-Blockbau

Mit diesem Begriff wird eine von mehreren Möglichkeiten des Wandaufbaus aus Holz bezeichnet. Dabei werden die Wandflächen zwischen den Ständern mit blockstarken Hölzern geschlossen. Zu sehen ist dies beispielsweise am Arlesrieder Pfarrstadel (Nr. 2). Diese Bauweise darf nicht mit dem ➡ **Blockbau** verwechselt werden, denn der Blockbau hat keine senkrechten Säulen, sondern nur waagrecht liegende Hölzer.

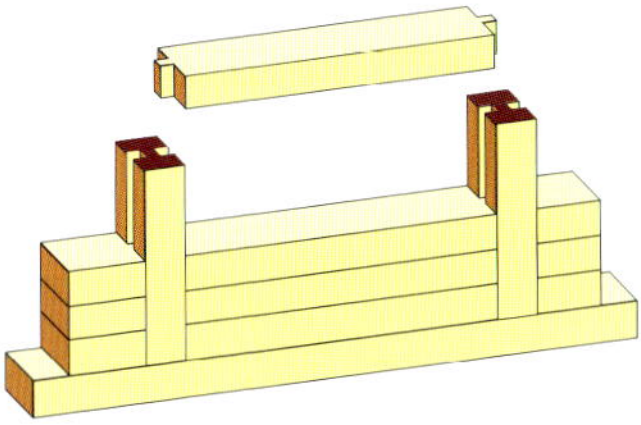

Ständer-Bohlenbau

Die Flächen zwischen den Säulen des Ständerbaus werden mit waagrecht liegenden Bohlen geschlossen, die in seitliche Nuten der Säulen eingeschoben sind. Zu sehen ist dies beispielsweise an der Sölde Honsolgen (Nr. 25).

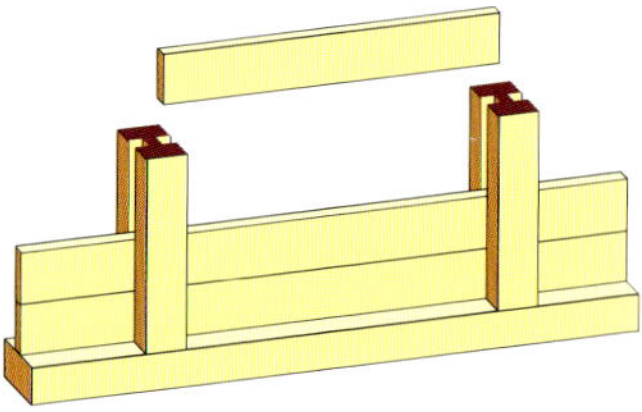

Ständer-Stabbau

Bei dieser Wandbauweise werden die Wandflächen zwischen den Ständern mit senkrechten Bohlen und stärkeren Stäben geschlossen. Zu sehen ist dies beispielsweise am Arlesrieder Pfarrstadel (Nr. 2) oder an der Sölde Honsolgen (Nr. 25).

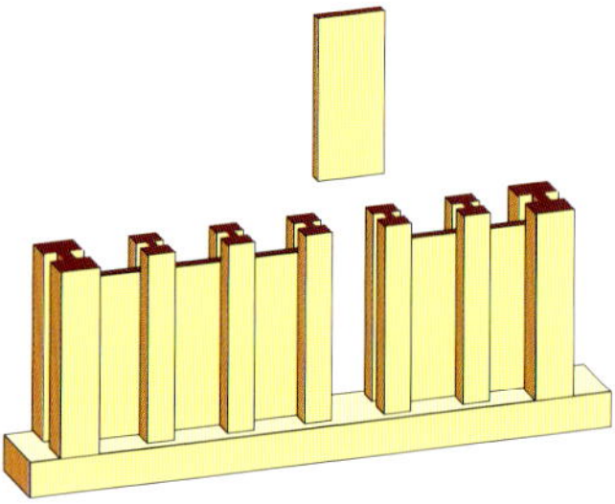

Sölde, Selde

Als Sölde wird ein Kleinbauernhof bezeichnet, zu dem so wenig Land gehörte, dass der Söldner allein davon nicht leben konnte. Er musste als Tagelöhner oder Handwerker zusätzlich noch etwas dazuverdienen. Im bayerischen Sprachraum gilt die Bezeichnung »Gütel« oder »Gütl«.

Sparrendach

Das Sparrendach ist eine sehr stabile Konstruktion des Dachgerüstes, die sich aber nur für Dachneigungen von etwa 40° und steiler eignet. Jeweils zwei Sparren und ein Deckenbalken bilden ein festes Kräftedreieck. Die Sparren schieben am Dachfuß nach außen (Druck) und werden vom Deckenbalken zusammengehalten. Diese »Dreiecke« haben einen Abstand von etwa 80-120 cm.

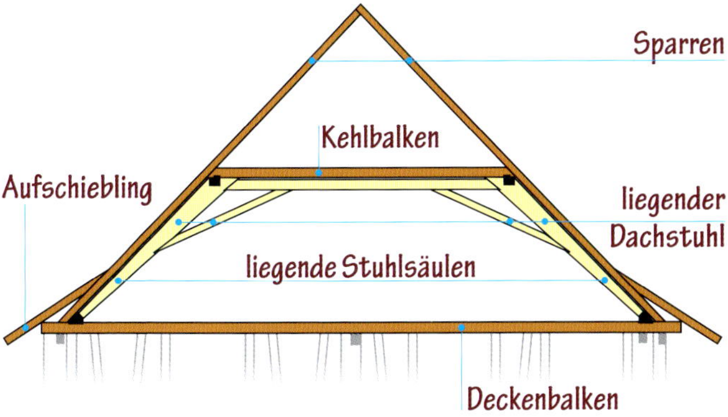

Zur Überbrückung des notwendigen »Vorholzes« beim Deckenbalken wird ein Aufschiebling aufgesetzt. Größere Dächer haben zur weiteren Stabilisierung neben den Kehlbalken auch noch Dachstühle, die etwa bei jedem fünften Sparrenpaar die Konstruktion stützen. Die Skizze zeigt diese Dachkonstruktion (gelb unterlegter Teil der Skizze) am Beispiel des Zehentstadels (Nr. 3). Der Dachstuhl kann liegend (wie skizziert) oder stehend ausgeführt werden. Beim stehenden Stuhl sind die parallel zu den Sparren laufenden Stuhlsäulen durch senkrechte Säulen ersetzt.

Wiederkehr

Seit dem 19. Jahrhundert vergrößerte sich auf den Bauernhöfen der Viehbestand enorm, weil die Bauern nicht mehr hauptsächlich für die Selbstversorgung, sondern zunehmend für den Markt produzierten. Der Stall und der Bergeraum für das Winterfutter mussten vergrößert werden. Im nördlichen Alpenvorland und im südlichen Mittelschwaben (hier bevorzugte man als Dachkonstruktion das ➡ **Sparrendach**) vergrößerte man das Gebäude entweder durch einen rechtwinkligen Anbau (Wiederkehr) oder die Verlängerung des Wirtschaftsteiles. Im Allgäu mit seinen flachgeneigten ➡ **Pfettendächern** bevorzugte man die Verbreiterung des Gebäudes im Wirtschaftsbereich.

Publikationen des Bauernhofmuseums

Das Bauernhofmuseum veröffentlicht in der Buchreihe »Druckerzeugnisse des Schwäbischen Bauernhofmuseums Illerbeuren« in unregelmäßiger Folge Publikationen kulturgeschichtlichen Inhalts, die meist im Rahmen von Sonderausstellungen entstehen.

Monika Ständecke: Aus Lieb zum Gebirg. Trachtenvereine im Allgäu. Kronburg-Illerbeuren 2005. 328 Seiten, 26 x 21 cm, ISBN 3-931915-11-5, Preis: 20,00 €.

Karin Götz: Die Möhre und andere Doldengewächse. Kulturpflanze des Jahres 2004 im Bauernhofmuseum. Kronburg-Illerbeuren 2004. 14,8 x 21 cm, 160 Seiten, ISBN 3-931915-10-7, 17,60 €.

Karin Götz: Die Tomate. Kulturpflanze des Jahres 2003 im Bauernhofmuseum. Kronburg-Illerbeuren 2003. 14,8 x 21 cm, 96 Seiten, ISBN 3-931915-09-3, 10,80 €.

W. E. Hundbiss, O. Kettemann, E. Riepl, R. Schauer: Künstlicher Regen. Eine Annäherung an die Gießkanne. Kronburg-Illerbeuren 2002. 20 x 21 cm, 144 Seiten, ISBN 3-931915-08-5, 14,80 €.

Karin Götz: Kohl und Rüben. Kulturpflanze des Jahres 2002 im Bauernhofmuseum. Kronburg-Illerbeuren 2002. 14,8 x 21 cm, 144 Seiten, ISBN 3-931915-07-7, 12,80 €.

Karin Götz: Hülsenfrüchte. Erbsen, Linsen und Bohnen. Kulturpflanze des Jahres 2001 im Bauernhofmuseum. Kronburg-Illerbeuren 2001. 14,8 x 21 cm, 112 Seiten, ISBN 3-931915-06-9, 11,80 €.

Karin Götz: Allium. Die Küchenzwiebel und ihre Verwandten. Kulturpflanze des Jahres 2000 im Bauernhofmuseum. Kronburg-Illerbeuren 2000. 14,8 x 21 cm, 96 Seiten, ISBN 3-931915-04-2, 10,80 €. **Vergriffen !**

Otto Kettemann (Hrsg.), Helga Hoffmann (Red.): Droben im Allgäu, wo das Brot ein End' hat. Zur Kulturgeschichte einer Region. Kronburg-Illerbeuren 2000. 29,7 x 21 cm, 512 Seiten. **Vergriffen !**

Otto Kettemann, Ursula Winkler (Hrsg.): Die Iller. Geschichten am Wasser von Noth und Kraft. 2. erweiterte Auflage Kronburg-Illerbeuren 2000. 29,7 x 21 cm, 336 Seiten, ISBN 3-931915-05-0, 24,00 €.

Helga Hoffmann: Engel. Sammlung Johann Fischer aus Engeldorf. Kronburg-Illerbeuren 1998. 20 x 21 cm, 60 Seiten, ISBN 3-931915-02-6, 6,00 €.

Helga Hoffmann: Revolution, Randale und Reformen. Bauernbefreiung in Bayerisch-Schwaben vor 150 Jahren. Kronburg-Illerbeuren 1998. 20 x 21 cm, 59 Seiten, ISBN 3-931915-01-8, 9,80 €.

Renate Miller-Gruber: Ländliches Schwaben. Bilder des Freilichtmalers Lambert van Bommel. Kronburg-Illerbeuren 1997. 20 x 21 cm, 72 Seiten, ISBN 3-931915-00-X, 6,00 €. **Vergriffen !**

Peter Fassl, Ermengard Hlawitschka: Schwäbische Dörfer. Architekturzeichnungen aus zwei Jahrhunderten. Kronburg-Illerbeuren 1995. 20 x 21 cm, 84 Seiten, ISBN 3-9802236-8-X, 4,00 €.

Susanne Irion, Michael Kamp: Zeit(t)räume. Eine Landgemeinde zwischen Eisenbahnanschluß und Dorferneuerung. Kronburg-Illerbeuren 1995. 20 x 21 cm, 164 Seiten, ISBN 3-9802236-7-1, 6,00 €.

Monika Mai: Kleidung. Bestandskatalog des Schwäbischen Bauernhofmuseums Illerbeuren. Kronburg-Illerbeuren 1994. 29,7 x 15 cm, 252 Seiten, ISBN 3-9802236-5-5, 10,50 €.

Otto Kettemann: Kleiner Begleiter durch das Schwäbische Bauernhofmuseum Illerbeuren. Kronburg-Illerbeuren 1994. 21 x 12 cm, 71 Seiten, ISBN 3-9802236-4-7, 1,50 €. **Vergriffen !**

Siegfried Laferton: Heinzen. Heutrocknungsgestelle begleiteten die Entwicklung der Allgäuer Grünlandwirtschaft. Kronburg-Illerbeuren 1992. 20 x 21 cm, 100 Seiten, ISBN 3-9802236-3-9, 3,40 €.

Publikationen des Bauernhofmuseums

Gudrun Bauer: Die Entwicklung der Vorratshaltung auf dem Land. Kronburg-Illerbeuren 1991. 20 x 21 cm, 59 Seiten. Dazu ist erschienen: Handreichung für Lehrerinnen und Lehrer. **Vergriffen !**

Otto Kettemann (Hrsg.): Landschaft in Schwaben. Zeitgenössische Malerei. Kronburg-Illerbeuren 1989. 20 x 21 cm, 68 Seiten, ISBN 3-9802236-0-4, 3,40 €.

Marunde. Kronburg-Illerbeuren 1988. 20 x 21cm, 8 Seiten, 0,80 €.

Werner Scharrer: Der Grieshof. Zur Geschichte eines Bauernhauses und seiner Bewohner. Kronburg-Illerbeuren 1988. 20 x 21 cm, 48 Seiten, 1,60 €.

Heimatdienst Illertal e.V. (Hrsg.): Kunstsinn und Erfindergeist im Bauernhof. Das Bauernhofmuseum Illerbeuren. Memmingen 1983. 19 x 23,8 cm, 80 Seiten, 12,40 €.

Heimatdienst Illertal e.V. (Hrsg.): Das Bauernhofmuseum Illerbeuren. Memmingen 1980. **Vergriffen !**

Das Bauernhofmuseum ist beteiligt am Ausstellungsverbund der ARGE süddeutscher Freilichtmuseen, welche die »Schriften süddeutscher Freilichtmuseen« herausgibt:

Pracht, Prunk, Protz - Luxus auf dem Land. Finsterau 2009. 24 x 17 cm, 269 Seiten, ISBN 978-3-940361-03-05, 13,00 €.

echt stark! Naturstein im ländlichen Bayern. Finsterau 2006. 24 x 17 cm, 291 Seiten, ISBN 3-9805663-8-2, 13,00 €.

Auf der Hut - Hirtenleben und Weidewirtschaft. Neusath-Perschen 2003. 24 x 17 cm, 350 Seiten, ISBN 3-928354-11-6, 13,00 €.

Fremde auf dem Land. Bad Windsheim 2000. 24 x 17 cm, 279 Seiten, ISBN 3-926834-43-9, 13,00 €.

Mägde, Knechte, Landarbeiter. Arbeitskräfte in der Landwirtschaft in Süddeutschland. Bad Windsheim 1997, 24 x 17 cm, 304 Seiten, ISBN 3-926834-37-4, 12,80 €. **Vergriffen !**

Anschrift

Schwäbisches Bauernhofmuseum Illerbeuren
Museumstraße 8
87758 Kronburg-Illerbeuren
Telefon: 08394/1455 • Fax: 08394/1454
www.bauernhofmuseum.de, info@bauernhofmuseum.de

Träger

Zweckverband Schwäbisches Bauernhofmuseum Illerbeuren: Bezirk Schwaben, Landkreis Unterallgäu, Heimatdienst Illertal e. V.

Lage

11 km südwestlich von Memmingen unweit der Autobahnen A 7 (Ausfahrten 129, 130, 131) und A 96 (Ausfahrt 11).

Öffnungszeiten

1. bis 31. März: 10.00-16.00 Uhr
1. April bis 15. Oktober: 9.00-18.00 Uhr
16. Oktober bis 30. November: 10.00-16.00 Uhr
1. Dezember bis 6. Januar: 13.00-17.00 Uhr (nur Sonderausstellung)
Montags (außer an Feiertagen) sowie Karfreitag, Heiligabend und Silvester geschlossen.

Gaststätten

Im Museum: Torfwirtschaft Otto Hamp
Außerhalb: Museumsgasthaus Gromerhof

Angebote

- Jahresprogramm auf Anfrage
- Führungen nach Anmeldung gegen Kostenerstattung, auch fremdsprachig
- Museumspädagogische Angebote: bitte Unterlagen anfordern

Fotografieren und Filmen

Privat erlaubt; für kommerzielle Nutzung nur mit Genehmigung durch Museumsleitung

Rauchen

In den Häusern absolutes Rauchverbot

Hunde

Hunde sind an der Leine zu führen.

Warnung

Die Treppen in den Häusern sind oft sehr steil, viele Türen und Durchgänge sind niedrig. Sie begehen die Häuser auf eigene Gefahr, achten Sie auf Ihre Kinder.

Museumsleiter

Dr. Otto Kettemann

Fotos
Archiv Schwäbisches Bauernhofmuseum Illerbeuren
Tanja Kutter, Schwäbisches Bauernhofmuseum Illerbeuren
Otto Kettemann, Schwäbisches Bauernhofmuseum Illerbeuren

Frontispiz:	»Schwabenkartei« von Bartholomäus Eberl bei der Bezirksheimatpflege Schwaben
S. 34 links:	Brauerei Ustersbach Adolf Schmid KG, Ustersbach
S. 43 unten:	Foto Kaufmann, Bad Hindelang
S. 53 oben:	Lehr-, Versuchs- und Fachzentrum für Milchviehhaltung und Grünland, Spitalhof Kempten
S. 99:	Erika Groth-Schmachtenberger
S. 174:	Prof. Dr. Michael Haibel, Jettingen-Scheppach
S. 196:	Rolf-Jürgen Müthe, Neu-Ulm
S. 197:	Bernhard Wink, Restaurator, Gengenbach

Grundrisse, schematische Zeichnungen
Otto Kettemann, Schwäbisches Bauernhofmuseum Illerbeuren

Korrekturen
Nicolas Feil, Schwäbisches Bauernhofmuseum Illerbeuren
Elisabeth Kettemann

Standorte thematischer Präsentationen

Ausflugslokale - Urlaub vom Alltag	27a	Torfwirtschaft Otto Hamp
Flachsverarbeitung	1	St.-Ulrich-Sölde
Grabkreuze	15	Kapelle Hettisried
Handwerksstätten		
Brauerei	1	St.-Ulrich-Sölde
Bürstenmacherei	4	Uttenhof
Küferei	6	Grieshof
Schmiede	13	Lobacher Schmiede
Schuhmacherei	6	Grieshof
Wagnerei	1	St.-Ulrich-Sölde
Heinzen und Heu machen	18	Alte Museumswerkstatt
Vom Korn zum Brot	7	Kornspeicher Volkratshofen
Ländliche Kleidung	1	St.-Ulrich-Sölde
Landtechnik in Schwaben	23	Landtechnik Buchloe
Milchverarbeitung	1	St.-Ulrich-Sölde
Schützenmuseum	14	Schützenmuseum
Torf und Torfabbau im Brementa	27a	Torfwirtschaft Otto Hamp
Vorratshaltung auf dem Land	6	Grieshof
Wagen und Schlitten	3	Krugzeller Zehentstadel
Zeit(t)räume. Landleben und Zeitgeschichte in der 1. Hälfte des 20. Jahrhunderts	19a	Neubauerhof
Sonderausstellungen	19a	Neubauerhof